你的人生，只是缺少心理学

Get the Edge: How Simple Changes Will Transform Your Life

改变你一生的70个心理学技巧

【英】杰夫·毕帝（Geoff Beattie）◎著

高子梅◎译

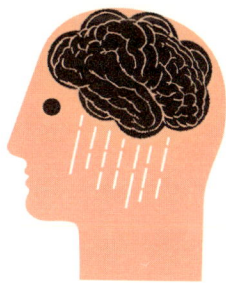

湖南文艺出版社
HUNAN LITERATURE AND ART PUBLISHING HOUSE

博集天卷
CS-BOOKY

图书在版编目（CIP）数据

你的人生，只是缺少心理学 /（英）毕帝（Beattie, G.）著；高子梅译 .—长沙：湖南文艺出版社，2013.1

书名原文：Get the Edge: How Simple Changes Will Transform Your Life

ISBN 978-7-5404-5404-3

Ⅰ .①你… Ⅱ .①毕… ②高… Ⅲ .①心理学—通俗读物 Ⅳ .① B84-49

中国版本图书馆 CIP 数据核字（2012）第 250819 号

著作权合同登记号：图字 18-2012-477

GET THE EDGE: HOW SIMPLE CHANGES WILL TRANSFORM YOUR LIFE
Copyright © 2011 GEOFF BEATTIE
This edition arranged with HEADLINE BOOK PUBLISHING LTD (HODDER HEADLINE PLC)
through Big Apple Agency, Inc., Labuan, Malaysia.
Simplified Chinese edition copyright © 2013 China South Booky Culture Media Co.,Ltd
All rights reserved.

上架建议：心理学·通俗读物

你的人生，只是缺少心理学

作　　者：	（英）杰夫·毕帝
译　　者：	高子梅
出 版 人：	刘清华
责任编辑：	丁丽丹　刘诗哲
监　　制：	蔡明菲　潘　良
特约编辑：	汪　璐
版权支持：	辛　艳
装帧设计：	张丽娜
出版发行：	湖南文艺出版社
	（长沙市雨花区东二环一段 508 号　邮编：410014）
网　　址：	www.hnwy.net
印　　刷：	北京盛兰兄弟印刷装订有限公司
经　　销：	新华书店
开　　本：	880mm×1230mm　1/32
字　　数：	190 千字
印　　张：	7.5
版　　次：	2013 年 1 月第 1 版
印　　次：	2014 年 3 月第 3 次印刷
书　　号：	ISBN 978-7-5404-5404-3
定　　价：	29.80 元

（若有质量问题，请致电质量监督电话：010-84409925）

Get the Edge:
How Simple Changes
Will Transform Your Life

**你的人生，
只是缺少心理学**

第一步/第一印象

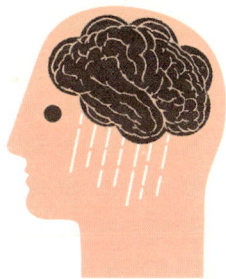

"我不看本领来评断人，他们的杰出成就才会令我刮目相看。"

《日记》(*Journal*，一八四一年二月十八日)，作者：梭罗 (Thoreau)

为什么有些人天生就能与陌生人自在地打交道，有些人偏偏不行？这问题有办法解决吗？让我先从自己的故事开始说起。

　　从前我是个很害羞的小孩，不过倒是在贝尔法斯特（Belfast）那几条工厂林立、我自小长大的街上交了不少要好的朋友。我在陌生人面前很害羞，尤其是面对不认识的大人。礼拜六下午，我会和母亲到市中心去。她在那里经常遇见一些老朋友，都是我不认识的人，可能是她和我父亲结婚前或交往前就认识的朋友。我常被介绍给对方，然后就杵在那里，低头看着地下通道上的裂缝，拒绝与任何人有目光接触，感觉自己笨拙又僵硬——其实我已经不记得当时自己的脑袋到底在想什么，不过那副模样倒是还记得（部分原因是常被拿出来讨论），还有肢体僵硬的感觉。"他是个可爱又害羞的小男孩。"母亲的友人通常会这样说，但不知怎么搞的，"害羞"和"可爱"被画上等号，即便在那时我也认为这可能有某种含意。另外，我还会紧握双拳放在背后。就我现在所知，当时之所以会有这样的举止，不是因为自己有什么潜在的攻击冲动，而是不喜欢接受陌生人的钱，但问题是，这在当时是一种交流方式。虽然现在的我回想起来，还蛮喜欢以前那种社交习惯，但当年还是小毛头的我，并不喜欢被人用钱收买的感觉——我可不想欠任何人人情呀！也许是我想得太多了，结果反而显得小鼻子小眼睛的。说到当时，母亲周围的那群蓝领阶级朋友也并不富裕，可他们只要身上有什么就会拿出来分享。而我拒绝伸手接受这些钱的行为，着实让他们碰了一鼻子的灰。因为我始终不肯接受他们的邀请，不愿加入这种交流，于是衍生出后续一长串的"例行仪式"——他们会想尽办法要我接受几枚铜板或一张一英镑的纸钞。所以这"仪式"一旦开始，绝对会弄得大家非常尴尬。母亲的友人会使出浑身解数只为扳开我紧握的拳头（他们以为我只是出于礼貌所以不收钱），我则会顽强抵抗、浑身发抖，就是不肯接受！而我母亲则是尴尬地看着别处，嘴里嘟囔着："他平常不会这样。"但我一向如此，一向有我自己的主张。"平常他都拿得很快，像别的男孩一样。今天他心情好像不太好。"她会这样补充。在搭公交车回家的路上，我母亲会开始抱怨我的行为和笨拙的社交应对，说我害得别人很尴尬，还提醒我，我哥哥比尔就不会杵在那里拒绝握手、拒绝交谈，甚至拒绝接受那张一英镑的纸钞。"你这小孩一拗起来，真是够别扭的！"她常这样说，而她所谓的"别扭"是指不懂得社交应对。"你什么时候才会长大？"她甚至会这样说。

即便长大成人之后，我发现自己有好多年时间还是没办法一无拘束地走进一间满是陌生人的屋子里。幸好这段时间并没有持续很久，因为后来基于一些必要原因，我开始改变自己，改到连我母亲都快认不出来我了。当然，我主修心理学也是这个改变的重要因素之一。"我的天哪！你现在不再耍自闭了。"她会这么说，脸上带了一抹惊讶，嘴里发出啧啧称奇的声音，"你可以和人侃侃而谈，不会再不好意思了。你终于可以随心所欲地找女人调情了。"（这里有一点要说清楚，在她的想法里，只要我能适度地以友善或迷人的态度，与路过身边的任何一位年龄在十八岁到五十岁间的女性攀谈，便算是"调情"）我曾多次试图向她解释这其中的差异，但都没用。不过我想那是因为她觉得凡事物极必反，我改变得"太过头了"。她还说："现在也不会拒绝接受钱了，你改变了很多。"

也许是因为自己的缺点，才促使我一开始就决定走心理学这条路。我想了解那种自我矮化、有碍个人与社交发展的自觉意识（self-consciousness）和社交互动（social interaction）之间的关系。我必须了解，那些不时出现在我脑袋里害我分神的自我中心想法，以及令我不安的自我怀疑念头与我们的人际应对行为有何关联。

你要怎么做才能和别人有效互动？当你和别人交谈时，你应该在意识上觉察到什么？还有在和别人接触及相处时，下意识过程（unconscious processes）将扮演什么样的角色？你可以操控这种下意识，让它发挥更好的作用吗？你能把它往某个重要的方向推吗？你可以自我精进人际互动技巧吗？

我花了很多时间去研究其中一些基本的社交互动过程。一开始的目的是为了取得剑桥大学的博士学位，接着是其他一流大学的博士学位，最后我终于体认到，即便是微不足道的行为也具有影响力，有时就连很小的细节都有难以置信的含意在其中，成为互动成功与否的关键钥匙。如此彻底的研究多少影响了我，而我的行为也开始有了改变——我不再害羞，别扭和口吃也都不见了（我母亲会问我："你是故意装的，好让别人同情你吗？"）。我相信它们是永远不见了。我终于明白人生苦短，不该让自己深陷在社交幽闭恐惧症（social claustrophobia）里。

那么，摆脱这种社交尴尬的秘诀究竟是什么？以我的观点来看，心理学可以透露出我们日常生活中众多的细节。在这本书里，我会从这门活泼又具有潜力的学科里，找出一些有趣的发现加以讨论，只要你懂得善用里面的丰富小常识，就能开始改变自己，进而"掌握优势"。当然啦，我必须持平地讲，书中的部分内容看起来或许会有点个人化（编者按：指仅符合作者个人经验），但我的用意是想让大家知道，这些心理学对实际人生会有多直接的影响——包括我自己的人生在内。我多少希望能借此书证明，心理学这门学科对我们生活来说是切身有关的和重要的。

如何完美现身

首先，你可能想问的是：如何完美现身，走进社交聚会里？也许当你踏入聚会的那一刻起，已经有一堆人等着和你打招呼，并且虎视眈眈地准备好对你评头论足一番，进而在心里帮你"打分数"！这也是为什么许多人对参加派对或任何一种社交聚会，容易感到局促不安的原因。然而，如此情绪衍生出来的"后续效应"是：人们开始更加战战兢兢地注意自己的行为，并且更容易去思索别人为什么做出那样的举止——这种自觉意识的高涨曾经吓坏了我！

要想完美现身，第一件要考虑的事就是"出现的时机"。如果提早到，好处是你可以有更多时间与人攀谈，因此会和宾客较熟，相处起来也比较自在——但换个角度想，别人可能也会好奇你为什么那么早到，甚至说出"这人难道没有别的事好做吗？"之类的话。

此外，早点到达还能事先调整自己的行为节奏、适应现场的交际模式，但坏处是，你得随时暂时切断正在形成的社交关系（social bonds），以便留神那些新到的宾客。而这种举动会令你的交谈对象感到不安，心想："为什么他对我不感兴趣？为什么老是盯着门口看？"可是如果晚到，恐怕会让人以为你不是很想来这里，或是当你想进入已建立或建立了一半的社交群时，他们不容你再插入了。因此，以时机的角度来看，最好**不要太早到，也不要太晚到**，最佳的抵达时间点是大家还有时间可以聊聊，但同时也还在期待更多人莅临的时刻。

像派对这种社交聚会通常会涉及第一印象，毕竟一般人在派对上都会很快决定（甚至瞬间决定）要和谁互动及避开谁。说到和陌生人打交道这种事，派对会比其他场合更适合冒险一试，它会比其他地方更有机会去认识新朋友。所以你必须释出善意，才能让那些陌生面孔对你留下深刻印象。"害怕被拒绝"是许多人一开始互动时最常有的情绪，它让人变得放不开。但派对里的潜规则是：**只要你来参加派对，就表示你至少对社交互动是抱持开放态度的。**因此，若有人想认识你，别让对方感到不自在，脸上要挂上亲切的笑容，并且言简意赅地赞美对方。简单地说，就是让对方觉得自己受到欢迎。微笑是最具传染力的社交语言，尤其是如果笑得自然又开朗，更有助于提升愉快的交流气氛。

你可以在派对上告诉别人有关你的事，但别太过头。男人为了定位自己的社会阶级（这往往是他们最在意的），常会急着长篇大论地介绍自己，这会令人反感。你说话的内容要有趣，但也要留意对方在说什么。你可以通过目光接触，或者利用一些响应式语言来表示你的领会，譬如"嗯"或"是啊"，这类语气词可以自然地落在对方谈话的段落里，鼓励他们继续说下去，以免出现令人尴尬的沉默。如果你能善用这类响应式语言，那么正在对着一群人侃侃而谈的那位宾客，一定会把内容慢慢往你这边引导。这将有助于你脱颖而出，因为你已经成为对方的注意焦点。

你必须把注意力放在眼前正在与你交谈的那群人身上，但同时也要注意有没有别人刚到。你的扫视动作要利落，甚至可以和正在交谈的对象聊聊，你对那些刚到的人的看法，把这件事变成一种团体活动。譬如你可以说："我很好奇今晚有谁会来？"如果你在说这句话的同时，眼睛顺道扫视屋内四周，大概就不会被人认为，你是因为与之对话乏味才四处张望的。

这些方法可以让你的现身显得完美。

提示

- 要记住，你的行为不是一成不变的，你可以改变和别人的互动方式。
- 事先想好现身派对的最佳时间点。
- 当个好听众，让别人想和你说话。
- 别急着长篇大论地介绍自己。不要过度张扬自己。你的谈话和别人的谈话两者比例要恰到好处。
- 利用响应式语言（譬如"嗯"和"是啊"）来鼓励对方继续说下去。
- 不管谁在说话，这种响应式语言都会让你成为对方的注意焦点和这场对话的重心。

如何让别人在瞬间跟你有投缘的感觉

要在瞬间和别人投缘，最快的方法就是在动作上与对方同步化。你不必完全配合对方的动作（如果没处理好，有时看起来会很怪），但必须反映出他们的节奏。这通常是一种不自觉的投缘表现，但稍加练习之后，就可以有意识地控制它。譬如：当他们拿起菜单时，你就伸手去拿杯子；当他们摸头发时，你就要碰碰自己的脸，诸如此类的行为。此外，也要注意你们之间说了些什么，以及谈话内容本身的自然节奏，这会让你们两个变得更契合。谈话刚开始没多久，你就要抓准自己的动作节拍，尽早制造某种程度的契合感，再让谈话节奏主导你的动作，这会在短短几分钟内产生投缘的效果，有时甚至更快。

提示

●复制对方的动作节奏，建立投缘的感觉。

●专心注意谈话过程里的节奏变化，由它来帮助协调你们之间的互动同步（interactional synchrony），这就好像你们两个配合说话节奏一起自然产生动作（如果不如你想得那么快就出现，那么你可以自己制造）。

如何让对话顺畅

如果你和对方只是初次相见，那么最尴尬的事莫过于在交谈过程中，有为时不短的沉默时间（而且是感觉沉默很久，但其实只有短短的一两秒钟。我们往往是以毫秒来计算交谈的中断时间，所以才会觉得局促不安）。这种沉默通常由几个原因造成，而最重要的原因之一是，我们总是无法预期或预知对方的话什么时候才会结束。所以，若要保持对话顺畅，可以利用两个技巧让对方预知你的话何时会告一段落。第一个技巧是"三点列举"原则，譬如你可以说："我有很多嗜好，譬如跑步、看电影和阅读。"不要在说完"看电影"之后就结束，也不要再加第四个上去，因为这有违"三点列举"原则。这样一来，你的交谈对象就能预知你在列举三点之后，话便会告一段落，于是他会立刻接上话。

第二个技巧是"两点对比"原则，譬如你可以说："我喜欢这部电影，但它没有舞台剧出色。"一旦你开始这样建构句子，对方就能预知你的话什么时候会告一段落，才好继续接话，避免出现令人尴尬的沉默。要是你用了"三点列举"和"两点对比"技巧之后，对话还是窘迫地停顿下来，问题可能就比较麻烦了。或许你得改变你的嗜好、外表，或者干脆换个谈话对象，因为造成这种沉默的背后原因恐怕没那么简单。

提示

● 对话时之所以常出现令人尴尬的沉默，是因为双方不知道该轮到谁说话。

● 为避免尴尬时刻的出现，你得让交谈对象预知你的谈话何时会告一段落。

● 利用"三点列举"（A、B 和 C）和"两点对比"（不是 A 而是 B）的技巧来建构你的谈话内容。

如何赞美

赞美的问题大多出在它们都谨遵一套严谨的公式，句型简单，而且词汇有限——大多是"你人真好"（you are very nice）这类句子，然而尴尬的是，几乎有四分之一的赞美都会出现"好"（nice）这个字，四分之三的赞美会出现"你"（you）这个字，于是当你不假思索地从大脑里搬出这些文字去赞美别人时，即便说者真的有心，但在听者听来就是不够真诚。我在 ITV2 电台的《呛女生捉鬼大队》（*Ghosthunting with Girls Aloud*）节目里，第一次见到雪洛（Cheryl Cole）和呛女生合唱团（Girls Aloud）的其他团员时，雪洛马上给了我一个赞美。当时女孩们都在北威尔士（North Wales）的一家餐厅里等着用晚餐，待在一间很香又很隐秘的包厢里啜饮白酒。我像往常一样差点没赶上，是最后一个才到的。当时我在林肯市（Lincoln）拍《偏食族》(*The Farm of Fussy Eaters*)这部片子，所以得从那里一路开车过来。已经工作了一整天的我，走进屋里时着实有点累了，但看得出来女孩们都认得我，这挺让人觉得飘飘然的。后来我才发现，她们竟然都是《老大哥》(*Big Brother*)实境秀的粉丝。还好她们知道我的职业是什么，我的工作才得以比较轻松。而接下来的那几天，我则不分昼夜地分析着她们。倘若对方认为你说的话可能很有趣，则对你相当有利。譬如当时第一个开口的雪洛说："我很喜欢听你分析。"随即又补充说，"你的声音真好听。"她的赞美里有"你"和"好"这两个字，这是我注意到的第一件事。本来我的回答也可能像她一样，但还好没有，我不假思索地说："你说话的腔调也很好，（但我马上换了词）如黄莺出谷。"这赞美好像太过头了，不过我自有理由，而且幸好不必多做解释。

不过这里还是有个重点：要想真正达到赞美的目的，就得打破窠臼，使用不同的句型结构，避开"好"和"你"这类字眼。譬如你可以说："我很难不注意到你的头发，它看起来真的很有型。"即便出现"你的"这两个字，都比单说"你"这个字要来得有效，因为这需要你多花一点心思。先想想对方有什么地方值得你赞美，然后再正确地架构句子。避免套用"赞美公式"，因为这可能让人觉得很假（不过有趣的是，从雪洛口中说出的每一句话听起来都很真诚，这可能是她最有利的资产）。

提示

● 对人的赞美要听起来是原创的（这种赞美似乎比较真诚）。
● 可能的话，避免在赞美中放进"好"这个字，这个字被用得太泛滥了。
● 避免使用以"你"为开头的句子，千万不要说"你人真好"。

如何在十分之一秒内"判读"对方

我母亲对人的评断总是下得很快，而且她对于这一点很自豪。她会在我新朋友都还没来得及开口之前就说："他是个好男孩。"或者在别的场合里说："这人不好，永远都成不了气候。"而她说这话的同时，我朋友都还没走远呢！于是我会说："给人家一个机会嘛！"话虽如此，我心里其实明白，这种评断不是单靠看见人家眼睛太细、额头不够饱满，或是嘴巴歪斜就可以信口开河的。她往往会说："可是你知道我一向看人很准。"有时甚至会说："你们骗不了我的！你朋友都知道，我可以像读一本书般地看穿他们。"

几年后，我在没有预警的情况下，介绍我母亲和我那在设菲尔德（Sheffield）的女友认识，当时时间仓促，也或许是我刻意要那么仓促的。那是个寒冷的冬夜，街灯下，我母亲把评语全写在了脸上（她感觉事有蹊跷）。"她有些地方我不太喜欢，别问我是哪些地方。她对你没什么好处。"她说道，然后转身匆匆回到车里，连看都不看我一眼。

一般人学得会这种瞬间就能判读对方的本领吗？或是可以在眨眼间就能看出对方的真面目吗？然后你该怎么检视这种只看人一眼，便自觉透视对方的本领是可靠的呢？就我了解，我敢很有把握地说，那**绝对不可能、办不到**。但这仍无法阻止多数人继续这么做（不是只有我那偏见颇深、最近过世的母亲才如此）。所以当你初次见到别人，想更清楚地认识对方时，就得先很自觉地阻止这种会在下意识里瞬间评断别人的冲动。有很多人会在十分之一秒的时间内从各种特性层面去评断对方，包括对方**有无吸引力、讨不讨人喜欢、可不可靠、有无能力，以及够不够积极**，等等。然而你不可能在这么短时间内看出这些特质，但你也无法阻止你的脑袋尝试这种运作。所以，如果你想准确地解读别人，就得先抵挡住这种与生俱来却只会坏事的倾向。如果做不到，你很可能会单凭第一印象错判别人，并且下意识里又不愿更正原来的印象。除此之外，如果我们对别人有先入为主的看法，那么当我们有更多时间与对方互动时，就会试着找出更多佐证来证实（而不是反驳）原始印象——这种不开放接收信息的态度，将会使我们对任何有违原始印象的信息不感兴趣。所以，要想正确地判读别人，**诀窍是：先试着放缓或抑制这种与生俱来的下意识判断。**当然，说比做容易，但你还是得试试看。

这套说法背后的科学根据源自普林斯顿大学（Princeton University）的珍奈·威利斯（Janine Willis）和亚历山大·托多罗夫（Alexander Todorov）所做的研究。他们发现多数人都是在和别人初次见面时，便自然而然地有了先入为主的看法。他们认为，我们是在下意识的情况下推断出对方的个性的。他们想知道这个推断过程有多快，于是就拿了一些人的照片给实验对象看，要他们判断照片中的人"有无吸引力""讨不讨人喜欢""有无能力""可靠与否"和"够不够积极"。这些照片都是面无表情的大头照，有一半是男的，一半是女的。实验对象还被特别告知，这是在做第一印象的研究，所以必须尽快做出判断。在有些测验里，大头照出现一百毫秒（十分之一秒），在其他测验里，大头照出现五百毫秒（半秒），另有一些测验，大头照出现一秒。这种研究可能出现的结果是，实验对象无法对只秀出一百毫秒的大头照做出任何判断。或许在被逼迫的情况下，实验对象还是能对"有无吸引力"这一点做出瞬间判断，但其他特性的判断怎么办？想必得花比较久的时间细看照片中的脸，才能提出完整的看法。

不过这似乎不是人的大脑运作的方式。即便大头照只出现十分之一秒，实验对象对照片中人的个性的判断，还是跟有更长判断时间的人所做的结论极为类似。比较不寻常的是，类似度最高的是"可靠与否"这个特点。换言之，在以十分之一秒的时间看过一张脸之后，实验对象就已经对这张脸的可靠度有了定见。此外，威利斯和托多罗夫也发现，就算延长大头照的出示时间（从十分之一秒变成半秒），也无法为这些受测的特性（"有无吸引力""讨不讨人喜欢""有无能力""可靠与否"和"够不够积极"）增加统计上的关联性。但如果给实验对象更多时间去端详那些大头照（即便只有半秒），便会对他们的判断力造成影响，看法会变得更加否定，而且实验对象也会对自己的判断更有自信。这种随着时间延长而让看法变得更否定的现象告诉研究人员，在极短时间内所做的社交判断（social judgement），很可能是受到某种正向偏误（positivity bias）的作用影响。

这个研究证明，我们会根据人的长相，对个性做出瞬间判断，它的速度快到直接跳过意识层面的判断过程。这并非是说我们都是按照约翰·拉维特（John Lavater，一七七二～一八八零）这类研究专家说的那样先找出某些长相，再做推理式的个性判断（这些研究专家曾详述长相和个性之间的关系，譬如眉毛离眼睛愈近，表示愈会钻牛角尖、心机愈深和愈固执），而是说我们无法阻止自己凭长相去判断别人的个性，我们的下意识会接管一切，根据一点细微的信息就做出判断。

但为什么我们比较容易在"可靠与否"这部分出现这类毛病，而对其他特性的判断反倒没那么严重呢？这是个有趣而且重要的问题。研究人员认为，这是原始演化机制（fundamental mechanism of evolution）主导下的结果。从演化的角度来看，当你初次遇见某人时，最重要的一件事就是先确定对方够不够可靠。基本上，你必须先知道对方是敌是友。在某些环境里，一个人能否生存下去，靠的可能就是这类本领，因此必须立即判断对方的意图和可靠度。脑成像（brain-imaging）研究显示，可靠度的侦测是一种自发性的和自主性的过程，这和脑内的杏仁核（amygdala）作用有关，它是人脑里非常原始的一个部位。

研究专家继续推测，这些下意识的判断可能不到十分之一秒便能做出来。事实上，我们的判断速度可能比这更快。他们直言，一些和目标物侦测有关的研究也都证明，目标物会在被侦测到的时候被立刻归类——换言之，一旦察觉目标物出现，人们就知道它们是何方神圣。套句威利斯和托多罗夫的话："也许一张脸只要一出现，你就知道能否信赖它。"

那么，如何在十分之一秒内对一张脸做出判读？或许改个问法："你该怎样在十分之一秒内阻止自己对一张脸做出判读？"我们的脑袋会在意识察觉不到的情况下，立刻做出直觉性的和下意识的判断。在人的长相里头究竟有什么特征可作为正确指针，供我们判断对方有无能力和可靠与否？**答案是没有**，不过我们的下意识不会这样运作。因此，若想看人看得准，恐怕无法靠加快大脑运作速度来完成，反而是要放缓速度。

当然，威利斯和托多罗夫的研究成果在某些方面来说算是种警讯，因为这些成果点醒了我们，瞬间的那一眼，已经让我们有了定见。也许在这种情况下用"定见"这个字眼根本是错的，因为研究人员认为，这个过程快到你还没察觉就结束了。而这样的结果对后续的社交互动来说是很可怕的，因为一般人都喜欢寻找佐证，证明自己最初的判断是正确的，而不是找证据来反驳或证明自己错了。所以如果你已经认定某人是不可靠的或没有能力的，你会用什么方法（有意识的或很可能是无意识的）来证明自己是对的呢？不过我对这个研究及类似研究的设计一直有点意见。这个研究是拿面无表情的大头照给实验对象看，但在现实生活里，当我们和陌生人第一次打照面时，收到的讯息会相对复杂得多，包括长相、表情、肢体动作、与对方的距离、语调、说话模式，以及细微的动作。那么我们是如何在十分之一秒内结合所有讯息，然后对对方的个性做出不失精准的永久判断的呢？也许在现实生活里，这种判断并不像威利斯和托多罗夫的实验那么仓促和盲目，我们或许需要几秒钟的时间来汇整所有信息，然后才会开始判断眼前的陌生人究竟是敌是友、安不安全、积极或被动、有没有能力，以及可不可以信赖。又或许有些人可以只凭长相就做出判断，完全不在乎其他——这并非不可能，毕竟我就曾在设菲尔德暗夜的那条街上亲眼目睹过它的发生，也因此付出了代价。

提示

●你不可能在十分之一秒内根据对方的长相做出精准的判断，即便你的下意识可能正在告诉你你的判断是精准的。

●若想单凭第一印象来精确地判读别人，就得先有意识地设法降低大脑的运作速度。

●瞬间判断的问题在于你会找出佐证去支持你的原始判断，但不会搜寻新的信息去反驳或查验它的对错。

●别人很有可能根据你的长相很快对你做出判断。

●仔细想想自己的样子，别人可能从你的外表判读出什么讯息。

如何找到完美的另一半

对于如何找到完美的另一半，相信我们都很好奇。究竟怎样才能找到自己的真命天子或天女？我们看到一些情侣或夫妻很契合、匹配、幸福到令人眼红，就不免疑问，他们是怎么找到彼此的？而我要告诉你的是，如果你想找到完美的另一半，**诀窍在于：以开放的心态去寻觅对方。** 因为在第一次约会前，不管他们事先曾如何声明心仪的对象必须具备什么条件，当他们遇见时，并不见得真的会拿那把尺去衡量对方。如果你在寻觅之前就对朋友长篇大论地表示，自己要找条件如何如何的对象，那只会坏事；它会害你束手束脚，因为这等于是在公开表态你只找某类型的人。所以如果有人问你，你想和什么样的人交往，你只要说"我不知道，遇到再说吧"就行了。这在心理学上会比较准。

宾州大学（University of Pennsylvania）的罗伯·库兹邦（Robert Kurzban）和亚利桑那州立大学（Arizona State of University）的杰森·威顿（Jason Weeden）曾以男女约会为主题做过研究。他们调查某约会网站的择偶过程，样本数超过一万个。他们想知道会员在三分钟速配约会中见到可能对象并做出选择之后，这些选择与他们先前在择偶条件上详列的偏好对象有何不同。研究专家分析了一群受过高等教育和高收入水平的样本男女，发现约有三分之一的人没有宗教偏好。男性与女性在寻觅另一半时，对条件的要求有很大的差异：男性多半会具体指明某类体形及对年龄的偏好（基本上，他们都希望结交年轻、苗条的女性）；女性寻找的对象，则是年纪必须比她大、比她有钱，还要比她高（女性比男性多出五倍的可能会注明对象的年收入起码是多少。而在身高方面，女性也比男性有更严苛的规定），此外，也会对人种或种族清楚载明她们的偏好。比较不常提到的是宗教信仰，他们也不太在意对方以前有没有结过婚或有没有小孩。

看来好像大家都很清楚自己想要什么样的另一半。但问题是，这些自觉性的偏好条件真的可以让他们在速配约会活动里选出适合他们的人吗？这些条件、要求总该有它们的价值吧？毕竟他们在写这些条件之前，都经过深思熟虑，甚至还可能和朋友讨论过——所以照理说，当我们与对方会面的时候，早应该知道自己想要的对象必须具备什么条件。

可是这个研究的结果证明了这些条件（套句研究专家的话）"对速配对象的最后决定结果不太具有或完全不具有预测的价值……种族除外"。换言之，一旦你进入实际的速配约会里，所有这些载明的条件似乎都被抛到了脑后，取而代之的是一些很基本、很直觉的，而且可能是很下意识的东西。

所以如何找到完美的另一半？如果你想找到完美的另一半，就不要先局限住挑选的范围。保持开放的态度，让直觉为你做选择。

这个研究之所以令人印象深刻，在于它的样本规模数及结论的反直觉性（counter-intuitive nature）。我们都知道，吸引力是一种复杂的作用，可是大部分的人都以为只要先具体列出理想伴侣的条件，就会多少影响最后的实际决定——但这项研究告诉我们，其实不然。所以这里点出一个很大的问题：人们真的知道自己要的是什么吗？**答案是，不知道。**

提示

● 要想找到完美的另一半，就得对你寻觅的对象的条件抱持开放的态度。
● 不必先找你的朋友详细讨论你要找什么样的对象，这只会害你束手束脚。
● 随时准备好迎接速配结果所带来的惊喜。

要怎么笑才能达到你要的效果

我以前有个朋友，她的笑声是我听过的最让人不舒服的笑声，可是她自己却认为，她的笑声是她最大的特色：可爱、活泼、带点调情的味道。但事实上，那是一种像喘不过气来的嘶鸣声（总让我想到一条狗跑了很久之后，气喘吁吁的模样），而这种笑声当然会让她在社交场合里引人睥睨——至于是什么原因使她发笑，多少可以想见得到。当屋里有位帅哥，但他没注意到她时，她就会开始喘起来。这时，多数人都会朝她看（包括那位帅哥），此举似乎更恶化了她的形象。我总觉得，她应该好好反省她的笑声，毕竟每个人的笑声不尽相同，有些人的笑声会引起别人好感，甚至是异性的好感，有的则不然。

　　这种说法令人讶异吗？有一派人（或许你可以称他们为"搞错方向的流派"）说，所有人的笑声都很像。这些人会认为笑声代表正向情绪（无论那些笑声听起来如何），所有笑声都会带给听者正向的情绪效应。可是根据泛德堡大学（Vanderbilt University）的乔安·贝可罗斯基（Jo-Anne Bachorowski）和康奈尔大学（Cornell University）的麦可·欧瑞（Michael Owren）的说法，每个人的笑声不尽相同，有些笑声对听者的情绪有正面影响，有些则不然。贝可罗斯基和欧瑞曾研究过笑声到底有没有"声音"（笑声是声带推挤出来的气音），他们趁很多人看滑稽电影时录下笑声，并挑出有声的和无声的笑声放给实验对象听，请他们对欲认识笑声主人的意愿程度做出评断，共分为**非常有兴趣、有兴趣、不感兴趣、完全没兴趣**四级。实验对象也会在听见笑声后，针对自己的情绪反应做出评分。

　　研究发现，实验对象（尤其是想认识那些会发出有声笑声的人）比较没兴趣去认识会发出呼噜式笑声和类似喷气式笑声的人。此外，有声笑声比无声笑声更能引发正向的情绪反应，而且女性发出的有声笑声所得到的正面评价最高。这项研究得出的结论是：笑声的社交效果很大程度上得靠它的发声方式。有声笑声因为像唱歌一样，所以会比无声的呼噜式笑声、喘气式笑声和喷气式笑声更能引起正面效应。因此，想靠笑声来赢得别人的好感，就得放进声音，让它变得像唱歌一样——虽然这通常是下意识的反应，但或许你可以多听听别人的笑声，并好好练习，改掉自己的缺点。

当然，如果你对这个研究再吹毛求疵一点，可能会认为，不同场合也许该配不同的笑声。不同类型的笑声对社交场合的相对影响是什么？这类研究应该会很有趣。想必无声笑声也有它发挥正面效果的时候吧？！在某些场合里，呼噜式、喘气式以及喷气式笑声也都应该有它们各自的功能——不过研究专家并没有告诉我们这些功能是什么。我恐怕也很难想象自己会在什么场合里，特别欣赏老友那种像狗一样的喘气式笑声！

提示

- 所有笑声都不一样，有些笑声对别人有正面效果，有些则不然。
- 要想让你的笑声达到你要的效果，就得发出声音，让它变得像唱歌一样。
- 如果你的笑声"有声音"，就会让人感觉你比较亲切和性感。
- 如果你是女的，千万不要笑得像喘气一样（除非你真的真的真的忍不住）。

如何变得更有气质

我来自一个传统的蓝领家庭。值得庆幸的是，我们家很注重教育。虽然学校成功地教我认识了狄更斯（Dickens）、契诃夫（Chekhov）和托尔斯泰（Tolstoy），但音乐课对我来说却是噩梦一场。即便到今天，一听到那些乐器名——法国号、双簧管、中提琴，我都会头皮发麻。我们在家里会听吉姆·里夫斯（Jim Reeves）、安迪·威廉斯（Andy Williams）和恩格尔贝特·洪佩尔丁克（Engelbert Humperdinck）的音乐，但仅止于此。

离开贝尔法斯特后，又过了很多年，我去三号电台（Radio 3）上《夜浪》（*Night waves*，古典音乐的起源地）接受书访。当时我写了一本关于拳击手生活的书，书名是《奄奄一息：以拳击作为一种生活方式》（暂译名，*On the Ropes：Boxing as a Way of Life*）。另一位来宾是牛津大学的英语教授凡伦泰恩·卡尼汉（Valentine Cunningham），他负责在节目中评论我的书。我们坐在播音室里等节目开始，这时，前一个节目的音乐正渐渐消失。主持人（我忘了他的名字）手臂下夹着一沓乱七八糟的纸，他匆匆走进播音室，然后转身很有礼貌地问我："我们现在听的是什么音乐？应该是肖斯塔科维奇（Shostakovich）的吧？"卡尼汉教授朝我看来。我回以微笑，但觉得有点反胃。我听见播音室里墙上时钟的嘀嗒声，正填满这间被完全隔音的死寂房间。我知道那音乐不是吉姆·里夫斯的，也确信不是恩格尔贝特·洪佩尔丁克早期的原创歌曲——但我只知道这么多，然而，此刻的我又必须说点什么。我清清喉咙，刻意放慢速度，嘴唇终于开启："我想应该是早期的肖斯塔科维奇的吧！"我终于打破沉默，还特别强调"早期的"。主持人看着我的时间超过了一秒，随后疑惑的神情一闪而逝，说道："你说得对极了！这的确是早期的肖斯塔科维奇，而且很有名，搞不好还有人以为是晚期的呢。我刚开始也是这样认为，不过你点醒了我。"卡尼汉教授给了我一个友善但心领神会的微笑。访问顺利开始。

我是很想认识、了解以及欣赏古典音乐，但要从何学起呢？一些朋友给了我明确的建议："去店里买些音乐 CD 回来，不断重复播放，不断听，就这么简单！你会喜欢的。"但根据最新的心理学研究，这恐怕没那么简单（我想我早就认知到了这一点）。看来就算你想变得有气质，想学着喜爱古典音乐，恐怕也不能只靠反复播放古典音乐，强迫自己熟悉，就能喜欢上它。研究证实，反复去听会带出你情绪的音乐，只会极端化你对那个音乐的情绪反应。换言之，它会使你对那首音乐的反应更极端。密歇根州荷兰霍普学院（Hope College，Holland）的夏绿蒂·维特弗利特（Charlotte Witvliet）和弗吉尼亚州立邦联大学（Virginia Commonwealth University）的史考特·弗拉那（Scott Vrana）做了一项实验。他们对其中一组实验对象播放了好几次乐器演奏的音乐，再请他们在听完每一曲之后，为音乐的舒适度做评分。此外，研究专家也会利用一些心理学的衡量法（包括心跳速度），以及非言语行为的衡量法（包括微笑）来评量。结果发现，就算对那首音乐再熟悉不过了，也不见得能使听者更喜欢它。此外，他们更发现若继续重复播放，反而会强化实验对象最初的反应——意思是说，如果听者第一次听就喜欢那首音乐，那么听的次数愈多，就愈喜欢它。反之，若第一次听就不喜欢，听的次数愈多，只会愈讨厌。换言之，你不能单凭重复播放古典音乐来培养你对古典音乐的兴趣。音乐的反复播放不只会影响心理层面的判断，也会对行为和基本的生理反应造成影响。也就是说，要是实验对象一开始就喜欢听这首乐曲，便会因为反复听它而更常露出笑容，心跳速度也跟着加快。

所以如果你想变得有气质，想培养对古典音乐的兴趣，就要找你一开始就很喜欢的音乐来听，然后反复播放。当然，这种研究的弊病在于，它是在很严格的实验环境里进行的，完全没有放进现实生活里的社交因素。所以，如果你是在一种像家庭聚会的正式社交环境里，反复听你不喜欢听的古典音乐，会有什么结果呢？一开始就不喜欢听这种音乐的你，会因为这样的组合而提高对它的喜爱度吗？这是一个值得深究的问题。

●熟悉度不见得会引出正向的情绪联结，尤其是涉及音乐时。

●要想变得更有"气质"，就要找一首你一开始就喜欢听的古典乐曲来听，然后反复播放。

●如果你一开始就不喜欢古典音乐，千万不要重复播放——你还是不会喜欢它的，甚至可能会更厌恶它。

Get the Edge:
How Simple Changes
Will Transform Your Life

你的人生，
只是缺少心理学

第二章

对别人的评断

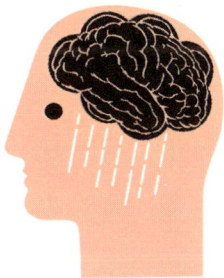

"我们善于分析邻居超过分析自己，而且善于分析他们的行为超过自己的行为。"

《尼各马可伦理学》九之九（*Nicomachean Ethics*，公元前四世纪），
作者：亚里士多德（Aristotle），译者：J. A. K. 桑姆森（J. A. K. Thomson）

如何分辨故事真假

你可以从故事里的一些关键细节去找破绽，从而知道它究竟是真是假。譬如动词时态的用法，以及有没有详细说明故事里的人物情绪，这些都可以是重要线索。当别人谈到他们自己以前的遭遇时，先听听看对方用的时态是现在时（不太可能是真的）还是过去时（比较可能是真的）：

现在时	过去时
我正在走……	我走了……
我走在……	当时我正在走……
我正在说话……	当时我正在说话……

此外，听听看有没有出现所谓的有声犹豫词（filled hesitations），也就是人们说话时会发出的奇怪声音，譬如"嗯"和"呃"，这代表说话者的心智活动比平常要活跃（这是叙述真实故事时的常见现象）。经过美化的或只强调效果的故事，往往会使用现在时态，也会出现很多感性字眼来详述里头角色

的感受。这种故事比较流畅，不像真实故事那样夹杂着许多"嗯"和"呃"等字眼（若要真正精准地呈现故事，就需要较多的心智活动，因此会有比较多的"嗯"和"呃"等字眼出现）。

人们在谈起以前的自身遭遇时，有时候会想精准地呈现故事，甚至精准到龟毛的程度，但有时候也只是纯粹想要与众不同，于是在真相的拿捏上变得比较随性。毕竟，他们的目的是要取悦你，让你觉得有趣，于是会说出一口好故事来。以娱乐为目的时，他们为了编出好听的故事，当然就可能改变里头的关键细节，甚至扭曲事实，但是你该怎么分辨故事究竟是真的，还是经过窜改，纯属娱乐的呢？斯坦福大学（Standford University）的妮可·杜都科维克（Nicole Dudukovic）和她的同事伊丽莎白·马许（Elizabeth Marsh）及芭芭拉·特沃斯基（Barbara Tversky）研究了这个现象。她们找人来做实验，要求他们读一篇和酒保的忙碌生活有关的故事，然后叙述出来，并且指明尽量不要把故事说得贴近事实，而是把故事说得生动有趣。换言之，她们要观察讲故事的人在不同目的的驱使下会如何重新叙述故事。杜都科维克和她的同事利用了一种叫作"语言探究和字数计算程序"（Linguistic Inquiry and Word Count Program，LIWC）的工具，分析这些重述的故事；它会计算落在不同语言、情绪和认知领域的字数各是多少。

结果发现，重述故事的目的若以取悦和娱乐为主，**动词的使用会有较高的比例采用现在时态**；但若以真实呈现故事为目的，**动词出现现在时态的概率则较低**。譬如："他开始送上马丁尼"（以娱乐为目的），而不是"当时他开始送上马丁尼"（讲究精准的叙述）。此外，"以娱乐为目的"的故事会比"讲究精准叙述"的故事更常使用一些字眼来**形容角色的情绪**，譬如："因为他很生气，所以就走了出去"（以娱乐为目的），而不是"他很快走了出去"（讲究精准的叙述）。

以娱乐为目的的故事，也比较常用试探性的字眼（譬如"也许""或许"和"猜"这类字眼，如"我猜这件事发生的时候，他是有点讶异。"这样的句子），而强调精准叙述的讲故事方式，会出现比较多的犹豫词，譬如"嗯"和"呃"。这些犹豫词反映出讲故事的人出现了高频率的心智活动（或认知困难），同时也显示出，当讲故事的人想尽量叙述得精准时，就会发现这种叙述方式比说一个娱乐性的故事要复杂得多，需要花较多时间去精准地抓出记忆里的细节。

所以下次若是有人告诉你他们生活里的故事，而你又想知道对方说得究竟是真是假时，你可以反问自己以下几个问题：对方说得很流畅（很少出现"嗯"和"呃"等字眼）吗？里头有很多情绪表达性用词吗？这故事是用现在时态的吗？它出现了很多语意不确定的字眼吗？套句杜都科维克和她的同事的话就是："这些全都是语言手段，目的是要抓住听者的注意力。换句话说，就是撒点盐巴调点味的意思，你就尽情享受这个故事吧——但你也得接受一个事实：他们只是在取悦你，而不是在告诉你真相！"

当然，当讲故事的目的是想取悦别人时，也就难怪讲故事的人会从不同的观点去阐述那个故事。他们选择使用现在时态，而且为了让听者进入故事情境，会使用现在进行时，还会描述故事角色的心情——换言之，他们可能美化原始故事，揣摩角色的感受，使故事变得更有趣；而他们也必须这么做，才能让听者感同身受。这种讲故事的方式很费心，但另一种讲故事的方式似乎更难，那就是贴近事实的讲故事法，这也是为什么如果以此为目标，就会出现比较多的"嗯""呃"字眼。当然，这个研究并没有告诉我们，当别人说到自身遭遇时，其实最常犯的毛病是前一秒说得贴近事实，下一秒又变得天花乱坠，想要取悦于人。倘若遇到这种情况，我们该怎么办？在这种情况下，动词的时态会跟着改变吗？如果改变了，我们察觉得到吗？当动词以某种时态开始出现时，它会具有感染力吗？如果故事一开始就在取悦人（以现在时态进行叙述），当它转到比较贴近事实的部分时，还会继续使用现在时态吗？表达情绪的字眼也一样吗？一旦你开始翔实地叙述人们的感受时，你可以轻易地改变说法，不再强调情绪用语吗？这些问题非常复杂，我们也不知道答案是什么。但这个研究确实让我们明白，听别人说话时，有哪些地方应该多留意点。

提示

●如果是以现在时态去叙述一件以前发生的事，造假程度会比用过去时态来得高。

●如果在叙述一件以前发生的事时出现了很多"嗯""呃"字眼，真实程度会比流畅的叙述方式来得高。

●如果在叙述一件以前发生的事时出现了很多和情绪有关的字眼，造假程度会比情绪字眼较少的叙述方式来得高。

●许多人为了达到娱乐效果，会美化自己的故事。别太苛责他们。

如何从别人的笑容里判断对方对你有没有好感

当你和别人聊天时，若想知道对方是不是真的对你有好感，但你又应接不暇于眼前一堆肢体语言（非言语的）和语言信号，就得学会把注意力放在一些最重要的信号上。试着仔细观察对方笑的时候所出现的行为动作。笑声是最容易探察的信号，但因为它的真正意义很难被定义（毕竟不管是嘲笑别人还是和他人同声大笑，都一样会出现笑声），可能代表契合，也可能代表不和，对别人的评断往往还得靠其他肢体语言的信号，才看得出端倪。而这些伴随笑声而来的其他非言语信号，基本上都能帮助你消除这里头的模糊含意。但是，信号因男女而异。当女人对某个男人有好感时，笑的时候，**她的手臂和腿会比较外张**；当男人对某个女人很有好感时，笑的时候，**头会偏得比较厉害，身子也会比较往前倾**。所以，当你下次和别人"调情"时，注意一下对方发出笑声时的肢体动作，并从中寻找这些特征。

这套理论背后的科学根据来自一个假设，那就是笑声是一个既复杂又界线模糊的社交信号。在不同情况下（以及同样情况下，但不同时间点），笑声的社交意义会完全不同，从挑衅到挑逗都不无可能。此外，对男女之间的求爱来说，它也是很关键的信号。求爱是一种充满焦虑与紧张（对许多人而言）的互动形式，其中当然也有很多欢乐。那么在求爱时，我们该怎么分辨笑声的真正意思？

有关男女之间的求爱仪式，市面上已经有很多著作。表示好感的信号大多是靠一些微妙且无声的非言语讯息来传达，绝非直白地开口说："此时此刻的我非常喜欢你……事实上，这一刻的我比前一刻更喜欢你……噢！我对你的喜欢程度又出现了新的变化。"正因为这些非言语信号不是那么直白，所以就算撤回任何非言语的邀请，也不会有公然侮辱对方的嫌疑。有专家认为，男性会在互相竞争的情况下，使用直接快速的非言语信号（因为正在互相竞争，所以得抢先传达讯息），也因此，男性往往流于过度炫耀自己。另一方面来说，女性会比男性更常使用非言语信号，因为她们想靠含蓄的方法来吸引她们很有好感的对象。根据卡尔·格莱默（Karl Grammer）的说法，这种方法是通过"复合式信号的运用"来达到目的的，让人感觉欲拒还迎，譬如腼腆的笑容。格莱默强调的是伴随笑声而来的信号，因为他认为笑声尤其有趣，很难让人不注意到它，只是它的界线可能太模糊了点。以两性背景里的含义范围来看，从极度好感（他把我逗到床上去了）到极度嘲弄（你要我和你约会？哼，省省吧）都有可能。

格莱默分析了学生们首次见面的心理状况。他拍下会面情形，分析里头的每个笑容及伴随笑容而来的各种肢体动作。此外，他还要求学生根据对交谈对象的好感度与吸引力，做出评分。

那么，在研究笑声语言后，他究竟发现了什么？他发现女性在对话中比男性更常笑。另外有一点可能也不会令我们意外，那就是女性的双腿不像男性那样经常外张。但真正有趣的地方在于当男女互有好感时所出现的非言语行为。格莱默发现，如果有女性对交谈对象产生好感时，通常会把**头往外偏，人往后靠，身子微向外转并且双臂张开**。也就是说，她们的**双臂和身体之间会呈现出明显的角度，而且手会触碰自己的身体（范围通常在臀部和下巴之间）**，腿也会以某种角度明显打开。如果是男性对交谈对象有好感，当对方偏过脸去时，他会**身子前倾，将身体转向那位女子，抬起手肘，手臂与身体大约呈九十度角，双手在颈后交叠**。同时，他的**手臂会从手腕处或手掌处被抓住，而且用头撑住，或用另一只手撑住**。他的**手会触摸自己的手臂，双腿十字交叠，但是会打开**。

格莱默详细描述了交谈中的一方或双方流露好感时的综合表现。他的总结是，女性的姿势愈放得开，愈表示对眼前的男子有好感（不过这只发生在女性被对方注视的情况下）。但这种信号并不适用于男性：姿势的开放并没有附加效果。此外他也发现，女性笑的时候会比男性做出更多动作。她们每笑一次，就会出现五个或六个动作，而男性只有四个动作。换言之，女性在笑的时候比男性更能释放出活跃的信号。对男性来说，最能反映出高度好感的两个动作是"偏头"和"倾身向前";偏头会让人联想到服从的意思,这可能是男性的一种表现方式,目的在于告诉对方,他已经准备好在这场求爱过程中放下身段和主导地位,因为他对这位女性很有好感,而身体的前倾则似乎是一种可靠的好感指标。

所以下次在酒吧或餐厅里听到笑声时,不妨观察一下伴随笑声而来的动作,因为真正的关键是在那些动作而非笑声上。男性需要看看对方的双臂和双腿的外张程度,尤其是两者一起外张时。而女性,则得注意看对方有没有偏着头,身体有没有前倾。这些似乎都是经过证实的求爱示好表现。

这是一个有趣的、细腻的研究,打破了以往的窠臼与传闻。但它的局限在于,只强调一对男女初次见面时的互动,却无法告诉我们随着关系的更加亲密,两人见面时所散发的好感信号会再出现什么样的变化。随着感情的日渐增温,这些信号仍然是重要的讯息吗?格莱默这个研究的有趣之处在于,它给了那些想要破译肢体信号的人一个不难操作的差事。它确认了笑声是了解对方的重要接口之一,并提醒你,在这一连串可以看穿的行为当中,你该留意哪些细节——前提是,如果你还没被对方的笑话搞得晕头转向的话!

提示

● 在求爱过程中,笑声是个很重要的社交信号。
● 笑声本身不见得最能泄露出什么信号,反倒是伴随笑声而来的非言语行为才值得观察。
● 非言语行为可以真正消除掉笑声所代表的模糊含义。
● 当女性对男性有好感时,会在发出笑声时做出更开放的双臂和双腿动作。
● 当男性对女性有好感时,会在发出笑声时出现偏头(顺从的象征)与身子前倾的动作。

如何分辨真笑还是假笑

真心的笑容是正向情绪的象征，假笑则不然。假笑是人们常使用的面具，用来掩饰平日的真实情绪，而且可能都是负面情绪。真笑和假笑之间有一些明显的差别，只要留意观察，不难从中分辨出来。拿真笑来说，**眼睛和嘴巴都会笑**，至于假笑，就**只有嘴巴笑**；另外，真笑的时候，**面部两侧会比假笑时来得对称**，而且**真笑的开始和消退时间都会比假笑久**——因此，要分辨真笑还是假笑，最简单的方法就是**看看这个笑容从脸上消失的速度有多快**；如果笑容很快从脸上消失，十之八九都是假笑。一般人喜欢利用假笑来掩饰自己的真实情绪，所以如果你想知道正在假笑的人心里真正的情绪，请仔细看**假笑突然消失时脸上一闪而逝的细微表情**，这种细微表情会泄露他们真正的情绪。

法国的解剖学家迪歇纳·德布隆涅（Duchenne de Boulogne）是第一位描述真笑与假笑的差异的学者。迪歇纳提到，真笑会牵扯眼部附近的面部肌肉组织（眼轮匝肌），而假笑只会牵动嘴巴附近的肌肉活动（颧大肌）。保罗·艾克曼（Paul Ekman）和华莱士·弗利森（Wallace Friesen）也同意迪歇纳的这种基本分类法，还继续描述了这两种笑容的差异：真笑时，肌肉会把面颊往上抬，皮肤会往眼睛的方向挤，于是眼睛缩小，造成眼睛外围生成鱼尾纹；从另一方面来说，如果是假笑，肌肉会把嘴唇斜斜地往上和往后拉，于是会加深鼻孔到嘴角之间的沟纹（为此，真笑被称之为"迪歇纳笑容"，以表彰这位法国解剖学家的伟大成就）。

假笑经常出现在许多社交互动中。如果我们录下互动过程，然后倒带，或许就能更清楚地看出其中差异。我曾在二零零二年年初的电视实境秀《老大哥》里分析过真笑与假笑的相对频率，因为那时我是该节目的长驻来宾，专门做心理分析。当竞赛者以兴奋、期待的心情进到屋里，与往后几个月都得同住一个屋檐下的其他竞赛者打招呼时，我发现在那些笑容里头，有三分之二都是假笑。那种情况下之所以出现假笑，是为了掩饰自己的紧张与不安，同时也是为了隐藏面对未来室友时的当下情绪反应。若要看出（或解读）他们实际的负面情绪是什么，最简单的方法就是仔细观察笑容消失时，脸上一闪而逝的细微表情，这会对我们很有帮助。

你在每天的社交互动中，所展现的笑容是哪一种？这一点很重要吗？所有笑容看起来似乎都是很令人愉悦的社交信号，但效果真的都一样吗？这就是马可·米胡（Marc Mehu）、安东尼·李托（Anthony Little）和罗宾·唐巴尔（Robin Dunbar）想研究的。他们让实验对象看许多男男女女的笑脸，有的是"迪歇纳笑容"，有的不是，然后请实验对象为这些笑脸打分，一共从十个层面来评分：**吸引力、慷慨、可靠度、竞争力、健康、亲和力、责任感、外向、神经质及勇于尝试。**

这个分析透露出笑容的形态会对社交判断力（social judgement）造成很大影响，尤其是对**外向**和**慷慨**这两方面的判断。而最令人诧异的是，笑容的形态并不影响人们对可靠度的判断。的确，照片里假笑的人不会被认为是不值得信赖的（所以真笑和假笑在这方面是无法区分的，至少从照片来看是如此），可是这两种笑容似乎都会对社交判断力造成影响：那些真笑的人被认为较"外向"和"慷慨"，换言之，比较会社交。研究也显示，笑容是会互相回报的，你很难不以微笑回报别人的真心笑容。此外，微笑也会影响我们真正的情绪，让我们感觉到自己很棒——这也是为什么我们喜欢看见人们脸上挂着自然、真诚的笑容。

　　显然当我们看见别人脸上挂着真诚的笑容时，就会对他们产生好感，可是米胡和他同事得出的研究结果，在这一点上似乎不够明确。我们直觉上总认为，常假笑可能会被人认定是个不值得信赖的人。但这个研究并没有让实验对象去看日常生活里的假笑，只让他们从照片的笑脸去做判断，要他们为照片评分，而不是让他们看影片，毕竟，影片里笑容的动态特征会明显许多。实验对象没有机会看到笑容开始和消失的瞬间，而那才是假笑特征最明显的时候。如果是用影片来重做这个实验，可能就会发现假笑对可靠度判断的影响，以及对其他社交判断力的影响。

提示

　　●正向情绪所释放出的真笑会牵扯眼睛附近的肌肉。假笑不会牵扯眼睛附近的肌肉。

　　●真笑的脸会比假笑的脸更对称。

　　●真笑是渐缓出现，再渐缓消失。假笑的出现和结束都很突兀。

　　●假笑用来掩饰负面情绪。要探察假笑面具下的情绪，就得注意假笑刚消失时脸上出现的细微表情。

　　●真笑的人被认为比较有亲和力，与之相处起来会比较愉快。

　　●你很难不以微笑来回报别人的真心笑容。当我们回以笑容时，自己也会有很棒的感觉。

　　●我们内心的情绪会受外在非言语行为的左右，所以微笑的时候，我们会觉得很开心（就算这个笑容只是在响应别人的微笑）。

如何解读肢体的触碰

我必须承认，自己不是那种喜欢肢体触碰的人。除非是很亲近的人，我才会喜欢那种肢体接触的亲密感（只要去问我那几个老被我在大庭广众之下亲亲抱抱、一脸尴尬的孩子，就知道我有多爱亲人间肢体的亲密接触了）。和同事及朋友握手或亲吻双颊我可以接受（名人和欧洲佬都喜欢来这套），换言之，这是属于可预知情况下的初次见面时的招呼方式。但如果有人主动拍我肩膀，或者更糟的是，被一个男性同事熊抱（他们会说："真开心见到你！"），我通常会当场愣住，然后两只手只能无力地垂在两边。有位和我在电视台合作过的资深执行制作，就是这样和每个人打招呼，然后才开始正式工作。而熊抱后，他也许察觉到了我的不安（这应该不难发现），或许他对我做了错误的解读，认为我是个心理学家，应该很习惯和人拥抱。

所以我的问题出在哪儿？我是害怕人与人之间的基本亲密互动，还是害怕受人操控式的亲密互动方式（主动搓人家后背打招呼的人，显然是在展现某种形式的操控权）？抑或是这种像社交信号一样的肢体触碰，它的界线过于模糊、过于开放，容易让人产生误解？还是因为我这种人太搞不清楚状况？肢体触碰真的能可靠地传递与情绪有关的讯息吗？你能学会接收它的讯息，并加以解读吗？我们都知道，面部表情可以传递出和情绪状态有关的可靠讯息，而且我们也知道，面部表情的情绪传达方式由来已久，而且不分文化差异。但肢体触碰呢？肢体触碰是怎么实际运作的？

人们经常互相触碰，而触碰是一种沟通模式，对人类来说十分重要，并且是甫一出生就被大力开发的一种感官。此外，非人类的灵长类动物也经常靠它来行使各项功能。但效果如何呢？什么样的情绪最适合靠肢体触碰来传达？我们能学会解读肢体触碰的含意，从别人触碰我们的方式诠释出不同的情绪讯息吗？德堡大学（Depauw University）的马修·哈特斯坦（Matthew Hertenstein）和他的同事展开了一系列的研究。他们在研究中要求实验对象（刻意地和有意地）通过肢体触碰来传达多种情绪——其中包含六种主要情绪，而且我们还知道，这六种情绪都可以**靠面部表情来传达**，它们分别是：**生气、恐惧、快乐、悲伤、厌恶、惊讶**。此外，还有和**合作及利他主义有关**的三种亲社会（pro-social）情绪：**爱、感激、同情**，再加上三种**强调自我**的情绪：**尴尬、骄傲、嫉妒**。

研究专家要求做出肢体触碰的人（传送者）必须先想清楚他们要如何传达每种情绪，然后才能去碰另一个人（接收者）的赤裸手臂，而触碰范围是手肘到手指之间，且传送者必须利用自认为适当的触碰方式去传递情绪信号。传送时，两人中间会隔着一层黑幕，接收者将完全看不到自己的手臂，也看不到对方的触碰动作，此外，也无法得知传送者的性别。被触碰者每人会有一张反应表，明列十三个基本选项：生气、恐惧、快乐、悲伤、厌恶、惊讶、爱、感激、同情、尴尬、骄傲、嫉妒，以及以上说法都不对。

第一个分析结果显示，触碰者和被触碰者的信息传送或接收能力，并不会受性别影响。此外，女性在情绪的传送上，并不如一般所想的较善于通过肢体触碰来传达情绪，也没有较善于解读肢体被触碰时所收到的情绪意义。

研究专家还发现，最能通过肢体触碰来传达的情绪是厌恶（准确比例最高，达到63%），紧接在后的是愤怒和同情（57%），接着是感激（55%），最后是恐惧和爱（51%）。快乐和惊讶（其中两种主要情绪）及尴尬、嫉妒和骄傲（三种太强调自我的情绪），都无法靠肢体触碰来有效传达。

研究专家也把各种触碰方式拍摄下来，结果发现每种情绪都有不同的动作模式。

情绪	相关动作
厌恶	推开　抬起　轻拍
生气	撞击　挤压　颤抖
同情	轻拍　抚摸　摩挲
感激	摇晃　抬起　挤压
爱	抚摸　手指互勾　摩挲
恐惧	颤抖　挤压　摇晃
悲伤	抚摸　挤压　抬起

其中有些模式很类似。举例来说，生气和恐惧具有两个共同元素（颤抖和挤压），差别只在于生气的情绪多了一个撞击元素，而恐惧则是摇晃元素。研究专家发现，悲伤往往被误解为同情。代表生气的平均肢体触碰时间是四点五秒，而恐惧比较长，是六点五秒。触碰时间最长的似乎是爱，长达九点五秒，最短的是厌恶，三点八秒。这些研究结果都有它的道理——当示爱时，你释放出的讯息是想和对方在一起，当厌恶对方时，则会想尽快离开对方。动作最激烈的情绪是生气，其中有 54.5% 的动作都很强烈，紧接在后的是恐惧，激烈动作占了 40.1%。动作最轻柔的情绪是悲伤，其中 18% 的动作是轻柔的触碰。

这个研究似乎证明了，我们可以通过肢体触碰来传达各种不同的情绪语言，而且这种触碰传达出来的情绪，不是只有正向和负向之分。在准确率上，通过肢体触碰所传达的和接收的情绪讯息，准确率相当于通过面部表情就能看出来的情绪讯息——这证明了，肢体触碰也是一种沟通渠道，很适合作为强而有力的情绪信号。肢体接触常被认为是较含糊不明的沟通渠道之一，但这个研究告诉我们，从动作类型、时间长短和动作激烈程度这几方面着眼，还是可以诠释出别人想要传达的情绪的。以主要情绪来说，生气、恐惧、厌恶和悲伤，都可以通过肢体触碰来传达，但快乐和惊讶就比较难传达，而像爱、感激和同情这种亲社会的情绪也可以有效传达，至于太强调自我情绪的尴尬、嫉妒和骄傲，就无法有效传达。

这是个很新奇的研究，让我们了解到了肢体触碰是如何传达讯息的，但它还是有局限性。这个研究只着眼在人可以借由肢体触碰，有意图地传达出某种情绪，却没考虑到传送者也会有其他情绪，且会不由自主地展现出来。在面部表情的类似研究里，意图性沟通（intentional communication）会造成表情的刻意夸张，但如果移除沟通意图这个元素，情绪状态还能有效传达吗？实验里的接收者拿到的是一份详列可能情绪的清单，所以当他们确定要勾选"爱"这个情绪时，只要把它和其他可能情绪（譬如同情）区别开来就行了，因为同情也有抚摸和摩挲的动作，所以不必考虑这动作有没有"贪婪"或"性吸引力"的含意。换言之，如果这些问题是用比较开放式的问法来问的话，其中一些答案可能会出现变化。因此说到底，肢体触碰恐怕还称不上是可靠的信号，存在着较多的争议。这也是我为什么到现在还认为，有些人（包括我自己在内）在很多场合里，总是极力想避免肢体触碰。

●肢体触碰可以传达一些主要情绪（譬如厌恶、生气、恐惧、悲伤），前提是这种传送情绪讯息的肢体触碰必须在意识察觉得到的情况下运用。

●肢体触碰的传送者和接收者，其性别并不会影响他们的传送和接收能力。

●有些主要情绪（譬如快乐和惊讶）并不能通过肢体触碰来有效传达，即便这种传送情绪讯息的肢体触碰是在意识察觉得到的情况下运用。

●太强调自我的情绪（譬如尴尬、骄傲和嫉妒）并不能借由肢体触碰有效传达。

●亲社会的情绪（譬如爱、感激和同情）可以在意识察觉得到的情况下，通过直接的肢体触碰来有效传达。

●说到肢体触碰，其他许多情绪都有类似的动作特征。

●通过肢体触碰而不由自主地传达出来的情绪（也就是在没有自觉性意图的情况下所做的传达），可能比目前为止研究过的各种肢体触碰，来得更为模糊不清和较不可靠。

如何利用你的直觉

要想好好利用自己的直觉，最有效的方法是，先记住一件很简单的事情：我们都是在什么情况下使用直觉。心情好的时候，我们比较容易靠直觉行事；心情不好时，就不太会这么做（心情不好时，我们会放慢步调，以较理性的态度来面对该做的决定）。换言之，千万不要只因为"感觉对了"就轻易相信当下的直觉比耗时的理性决定来得好这种鬼话。比较可能发生"感觉对了"的时候，多半是你刚好处于某种心情状态下。**人在开心时，比较可能单凭直觉就对眼前的事情做出判断；心情低落时，就会小心考虑各种选项的利与弊，刻意放慢脚步，仔细衡量轻重。**当人们心情大好时，如果你强迫他们采用谨慎为上的策略，他们最后一定会觉得结果不如直觉行事的成果来得好；当人们心情不好时，如果你强迫他们靠直觉行事，他们也会比较不满意最后的结果。这显然是个让人忧心的倾向，因为有很多事情都可能影响心情，而它们可能都和决定本身无关，譬如你早餐吃了什么、你的伴侣对你说了什么，还有你的计算机能不能用。

那么，你怎么可能靠自己的直觉做出最好的决定？答案是，你必须知道你的决定方式一定会受到心情的影响。所以当你想要做出决定时，先留意自己的心情状态，告诉自己，你的决定方式必须视眼前的问题而定，不能凭自己的感觉而定。如果你无法驾驭自己的心理状态，便很有可能会用错误的方法做出决定，从而造成错误的结果。

荷兰奈梅亨（Nijmegen）拉邦德大学（Radboud University）的德弗里斯（De Vries）及其同事都很好奇，若是心情状态和决定方式这两者之间的关联被切断，会有什么结果产生？人们对自己做的决定究竟会有什么想法？于是他们要求实验对象观看快乐的影片或悲伤的影片，借此改变心情，再要求他们在两样物品之间，以谨慎的方式（花时间想清楚其中的利与弊）或很快的方式（凭直觉指出你喜欢哪一样）做出决定；选好之后，还得对眼前的对象做出评价。结果研究人员发现，如果心情状态刚好吻合决定方式，预估的价格往往会比心情状态不吻合决定方式时来得高。换言之，如果你是在心情很好的时候根据直觉做出选择，或是在心情不好时，经过深思熟虑后才做出选择，都会让你对所选的对象做出较高的评价——所以，只要看你的心情和你的决定方式这两者之间的吻合程度，便可知道你会怎么评价最后的结果。这在某方面来说是种令人忧心的倾向。它显示出这不是单纯的关系问题，而是万一这层关系被迫打断，就会影响你对最后结果的看法。这结论也暗示了我们，应该怎么管控自己的生活（显然不该让心情来左右我们决定事情的方法）。但这个研究的缺点在于，它只是运用在一个领域里，亦即在不同对象之间做选择，若是能知道这个结论的通用性和普遍性，就会对我们更有帮助了。

如何察觉有人在撒谎

科洛迪（Carlo Collodi）的《木偶奇遇记》（*The Adventure of Pinocchio*）可能不是瞎编的。研究已经证实，当你蓄意说谎时，鼻子真的会变得比较长——这是大脑生化作用下的生物反应机制。当你撒谎时，一种叫作儿茶酚胺（catecholamines）的化学物质会从脑中释放出来，造成鼻内组织膨胀，血压升高；升高的血压会造成鼻腔微微扩张，且会造成鼻腔神经末梢的刺痛感。此时，鼻子也因膨胀而变大了一点，但除非你用专家的仪器检测，否则你根本察觉不到。人在撒谎时，有时候会轻抓鼻子（稍后就会看到其他更可靠的行为线索），之所以会这么做，是因为想舒缓鼻腔组织充血时的刺痛感。所以下次若是有人在和你交谈时，突然很快地抓抓鼻子，想想"小木偶"的故事——我看你最好小心点！

> **提示**
>
> ●当我们说谎时，鼻腔组织会膨胀，那是因为大脑释放出了儿茶酚胺。
> ●有时候揉搓鼻子可被视为欺骗的信号，因为这个动作能舒缓刺痛的感觉。
> ●所谓的"小木偶效应"（Pinocchio effect）只是一个很细微的线索，千万不要太依赖这个线索（除非是为了好玩）。

如何解读别人的心思

要解读别人的心思，可以观察对方说话时不自觉出现的手部动作——这些动作都是在意识未觉察的情况下产生的，不同于用来控制说话的那种机制，所以可以让你深入探究对方在想什么。举例来说，如果你的伴侣告诉你，他或她觉得和你的关系很亲密，这时请注意，对方在提到你们时的两手距离：如果对方说话时，会不由自主地比出手势，那么几乎都会在身体前方的手势空间里，用一只手来代表自己，另一只代表你。"我们是如此契合！"或"我觉得我跟你很亲。"请好好观察这些伴随语言而来的手势动作，关键线索在于代表"你"和"我"的那两只手：**在手势空间里双手的距离愈近，表示关系愈亲密；双手距离远，表示对方对你的感觉并没有那么亲**——不管他或她嘴上是怎么说的！所以，如果对方说他或她觉得跟你很亲，但比出的手势却离得很远，就表示这可能不是实话，而这种手势被称为"象征"手势（metaphoric gesture），因为它代表某种抽象概念，亦即心理上的亲密感（psychological intimacy)。当你觉察到这种不协调的现象时，先注意看对方不自觉比出来的手势，而不是去听说话的内容——手势才能真正泄漏说话者心里真正的想法。但另外要留意的是，千万不要只根据一个手势或短时间内连续出现的手势，便草率断定你们之间没有未来。然而，当你们在讨论彼此感情的质量与深度（或其他方面的事情），以及可能的未来（或者即将宣告结束）时，你一定要将这些不自觉的动作所传递出来的讯息记在心里。

提示

●这些下意识做出的手势多半是不自觉的动作，可以作为观测人心的一扇窗户。
●当这些手部动作和说话内容不搭时就要特别注意，这种不协调最有可能泄露心事。
●我们的手不像嘴巴那么会撒谎。

如何诠释双脚的语言

有些心理学家认为，在非言语沟通里，双脚是最容易泄露心事的渠道之一。双脚可以泄露一个人的个性，它可以告诉我们这双脚的主人与交谈对象之间的关系，甚至可以透露这个人潜在的情绪状态和心理状态。

为什么可以从双脚看出那么多讯息？因为它们是身体的一部分，至少会内反馈（internal feedback）给我们。换言之，人们或许也知道自己的面部表情是怎样的（譬如我就知道我在写这篇文章时，脸上正带着笑）。当手部有动作时，人们往往也能察觉得到（只不过他们可能不知道自己的手正在比画什么复杂的意象），但却往往不知道自己的脚是不是也在动（是不是正以一种特定的方式在动)。

　　三十年前，苏珊·法兰西丝（Susan Frances）在芝加哥大学（University of Chicago）任职时，曾仔细研究过脚部动作。她研究过许多种非言语行为，包括两人正在熟悉彼此时，所出现的脚部动作。她发现在社交场合里，男性与女性的脚部动作并不相同。她做了许多测量，包括脚部花多少时间在动、脚部动作的平均时间长度，还有脚部动作的最长持续时间。她发现，对男性来说，当他们较为熟悉眼前的社交场合时，这些数字就会减少；至于女性，则是明显增加。换言之，当男性被放在一个必须与人初次交谈的环境里时，他们会借由脚步动作来表现他们的不安与焦虑。他们可以控制住那些本来就很好控制的非言语行为部位，譬如面部（表情），但因为比较不容易察觉到脚部动作，所以紧张不安的情绪会从脚部泄底。从另一方面来说，虽然脚部的反馈动作只是基本的生物神经反应，但女性处在紧张不安的初次会面场合时，还是会禁止自己的脚做出任何动作。只有当她们比较自在时，才会允许两只脚"通过肢体活动来释放累积的紧张压力"。

　　四十年前，对欺骗行为素有研究的美国著名心理学家之一保罗·艾克曼就认为，由于脚部动作有时很难受到控制，所以或许可以从中看出因撒谎而导致的焦虑不安的行径——然而，后来有很多研究都持相反意见。人的脚部动作就像手部一样，会在撒谎时减少动作，那是因为人在撒谎时，似乎都会不自觉地想控制任何可能出现紧张或是焦虑反应的身体部位，所有行为因此受到压抑。由于我们一般相信，可以从行为线索里看出对方是否撒谎，于是阿尔德特·威瑞（Aldert Vrij）和甘恩·山明（Gün Semin）找来了不同样本加以分析，包括普通人士及在测谎方面被认为具有特殊技巧且经验丰富的专业群体（警察、狱卒和海关人员），此外，也把心理学家认为善于撒谎和识破谎言的犯人找来当样本。结果一如先前的研究，他们发现，不管是专业还是非专业人士，都认为撒谎时肢体动作会跟着增加，包括脚部动作。有趣的是，在所有族群里，犯人看穿谎言的精准度最高（海关人员和警探都垫底，甚至比学生族群还低）。

所以如果你想从双脚的语言看出对方是否在撒谎，可以观察他们的脚部动作。关键时，尤其要小心监看对方的全部动作，寻找行为受到抑制的蛛丝马迹。

来自英属哥伦比亚（British Columbia）维多利亚大学（University of Victoria）的罗伯·吉福德（Robert Gifford）针对包括脚部动作在内的肢体行为与性格之间的关系，做了详细的检测。他从多种不同性格特质（主宰型、热情型、外向型和高傲型）来分析与这些特质有关的各种行为动作，包括头部朝向、点头、对象操控、腿部倾斜度和腿部动作——比较有趣的是，腿部动作的频率和基本性格看起来似乎有重要的关联。譬如，性格的外向或内向特质似乎是影响脚部动作频率的主要性格因素。基本上，外向者都是喜欢社交的动物，他们需要别人的陪伴来保持最佳状态，内向者则偏好独处。内向者的脚部动作频率远高于外向者，而频率最高的是个性冷漠的内向者。喜群居的外向型族群不太出现脚部动作，那是因为他们能很自在地跟别人互动，不觉得有必要控制或抑制这种细微的肢体动作。此外，有野心的主宰型族群基于不同理由，也会出现较少的脚部动作——因为他们喜欢主宰对话，而这种控制手段会被部分用来控制他们所传送的信号。当他们正设法取得对话的控制权时，也会跟着抑制脚部动作，免得为此泄太多的底。

来自德国马克斯·普朗克协会（Mazx Planck Institute）的卡尔·格莱默，研究了包括脚部和腿部动作在内的非言语信号在调情时所扮演的角色（我们之前已经听过格莱默的研究报告）。他研究了男女双方在试图熟悉彼此时，伴随笑声而来的非言语行为。他之所以强调笑声，是因为有些人认为这代表一切顺利的意思——但我们已知道其实不然。笑声其实是一种高度模糊的信号，它的含意很多，从有强烈兴趣到毫无兴趣（甚至厌恶）都有可能。格莱默认为笑声本身不算是有力的信号，真正有看头的是伴随它而来的行为动作。因此，他拍摄了多对男女试图熟悉彼此的交谈过程，分析他们的行为，然后要他们就自己对交谈对象的性趣（sexual interest）予以评分。以女性来说，当她们对对方有性趣时，最明显的和最可靠的信号就是笑的时候会采用腿部张开的姿势（而且她们的脚部动作不同于身体动作）。事实上，对女性来说，姿势愈放得开（双腿张开和双臂张开），就表示她们愈感性趣。男性感不感性趣得看两个信号，但这两个信号都和双脚无关，而是他们会偏着头（这通常有顺从的意思），并且身体前倾，意思就像是当这些男性有强烈的性趣时，便准备顺服地献上自己，以换取对方的欢心。

沉默的脚部语言是个有趣的主题，因为双脚也会泄露很多心事，包括我们内心的焦虑。当我们撒谎时，我们学会去抑制脚部信号的传递（这可是在小时候就学会的），然而很特别的是，大学生和经验老到的谎言侦测者都坚信，肢体动作频率的增加，代表对方撒谎的可能性增高——但其实完全相反。他们应该注意看的是对方肢体动作有没有变少。脚部动作似乎也和基本性格有关，拿外向型性格和主宰型性格的人来说，他们在社交互动时的脚部动作会比较少（各有不同理由）。但若说到性趣，脚部动作对女性来说似乎就显得格外重要了。当她们对某位男性感性趣时，两脚和双腿会以微妙的动作释放出讯息。

提示

● 一般来说，脚在社交互动中做了什么，不太能内部反馈给我们。

● 人在撒谎时，往往会抑制自己的脚部动作。

● 男性在和初识者打交道时，往往会通过脚部动作来表现他们的紧张与不安。

● 女性只有在和对方比较熟稔时，才会利用脚部动作来甩开紧张的情绪。

● 脚部动作也会受性格特征的影响。

● 内向者比外向者更常出现脚部动作。

● 主宰型性格的人在对话中比较不容易出现脚部动作。

Get the Edge:
How Simple Changes
Will Transform Your Life

你的人生，
只是缺少心理学

心情：有起有落

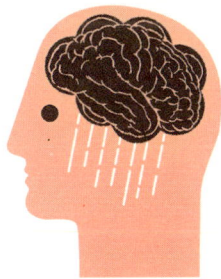

"生活的秘诀在于千万别出现脱缰的情绪。"

《无足轻重的女人》(*A Woman of No Importance*，一八九三)，
作者：奥斯卡·王尔德 (Oscar Wilde)

如何摆脱你低落的情绪

我母亲四十几岁就守了寡，因此心情常常不好，怎样都无法摆脱低落的情绪。"你要我怎么办？"她会这样说，企图合理化心情低落的原因，而且也找不到有效的方法来改变心情。在她那栋会让人得幽闭恐惧症的小屋子里，有一种乌云罩顶、令人喘不过气来的气氛。

一般人心情不好时，似乎都会出于本能地想尽各种办法来摆脱它（而且都是以前用过的方法，往往不需要多做思考或分析）。问题是，最近的心理研究显示，大多数方法都不管用。有些人会出去走走，找点事情来做；有些人则什么事都不怎么做；有人会设法把注意力转移到其他地方；也有人会想办法重新导正自己的思绪。其中有些方法很根本、直接，可以明显看出背后的道理，譬如出去喝一杯、找人上床，或是逛街购物，这些都可以适度分散注意力——但它们真的能有效改变心情吗？人们似乎都会试着运用各种方法来摆脱坏心情，尤其会尝试平常最喜欢的嗜好。但问题是，大部分的人都有自己常用的对策，却从没去评估过哪些对策有效，哪些则是无效的。

那么，当你心情不好时，什么才是好的对策？结论是，最好的对策必须对脑袋与身体同时都管用才行：它能让你放松心情、减轻压力，甚至还能让你退后一步，从新的角度去思考眼前的问题。除此之外，最有效的对策可以让你从客观的角度审视自己的情绪——其实这并不难，只要找到一种可以让你同时达到所有目的的行为方法就行了。

加州州立大学（California State University）的罗伯·塞耶（Robert Thayer）、罗伯·纽曼（Robert Newman）和崔西·麦肯克雷（Tracey McClain）曾展开一项研究，找出人们用来摆脱坏心情的三十五种行为。这三十五种行为分属六种不同类别，如下所示：

主动的情绪管理	各种放松技巧
	压力管理活动
	客观分析自己的情绪
	评估或分析眼前状况
	运动
	冲澡
	洗澡或只是往身上泼点水
	管控好思绪
	做爱
	发挥幽默感
	自我满足

追求愉快的活动与消遣	参加另类的令人愉快的活动
	发挥幽默感（再次出现）
	在某个嗜好上多花点时间
	听音乐
	换个地方
	刻意避开某人或某物
	管控好思绪
消极的情绪管理	看电视
	喝咖啡
	找点东西吃
	休息一下
	打个盹或睡个觉
	购物
社会支持、大方讨论和痛快发泄	打电话给朋友
	找人谈天或找人陪
	发泄情绪，譬如大哭一场或放声大叫
	抽烟
	进食
	刻意避开某人或某事
直接降低压力	利用药物，包括酒精、抽烟或咖啡
	做爱（显然在很多类别里都出现过）

隐遁／逃避	想办法独处
	刻意避开某人或某事
	发泄情绪，譬如大哭一场或放声大叫

　　这六种类别在关键方法上各有不同之处。**主动的情绪管理**是企图控制坏情绪，靠各种不同的放松方法和压力管理技巧减轻压力。此外，它也可以增强体能，譬如运动。不过，这个类别里也包含了一些可以改变思考模式的行为（譬如要你从客观的角度去审视自己的情绪，还有要你评估或分析眼前状况）。**追求愉快的活动与消遣**是指那些或许能让人暂时分神、忘却情绪的行为活动。**消极的情绪管理**都是很被动的活动，譬如看电视、喝咖啡和进食，在这个类别里，"购物"可能是唯一非被动（似乎比较像是主动）的行为——可是塞耶说，这只是假象："关于购物的假定性被动本质，项目分类（item-grouping）方面的分析或许可以为这种行为底下的动机提供重要的观察报告。而就因素分类（factor-grouping）来说，这种行为的动机与看电视、休息和进食的动机是一样的。"**社会支持、大方讨论和痛快发泄**则是企图去寻求社会支持，同时也是一种纾解压力和释放情绪的方法。**直接降低压力**则只着眼于压力层面的处理。**隐遁／逃避**则强调独处，以及避开会触景伤情的人、事、物，并在独处时放声大哭或大叫。

　　塞耶和他的同事逐一分析了这些技巧，他们要求实验对象为每种方法的有效性做评分。结果发现，**主动的情绪管理**是最有效的方法，而且男性比女性更常使用这套对策。另外，有趣的是，在实验样本里，从事专业工作的女性比其他族群更懂得利用这套方法（一般来说，专业人士会比其他职业人士更懂得利用这套方法）。排名第二的有效对策是**追求愉快的活动与消遣**，同样的，男性仍然比女性更懂得利用这套方法（而且专业人士也如出一辙地比其他职业人士更懂得利用这套方法）。评分最低的是**直接降低压力**（利用药物、酒精或做爱来摆脱低落的情绪），男性比女性更可能靠这些方法来摆脱低落情绪，但它的效果只有**主动的情绪管理**的一半。

从分析中可以看出，男性与女性在方法的使用上有着惊人的差异。女性为了让自己好过一点，比较可能大哭一场或放声大叫。此外，她们也比较会靠进食、购物或找人聊聊的方式，摆脱低落的情绪。男性则比较偏向于全心投入自己的嗜好活动，靠幽默化解情绪，上床做爱，或者试图控制住自己的情绪；专业人士比较会利用幽默感或上床做爱，进而转换情绪，仅有少数人会利用大哭或放声大叫来抒发、排解低落情绪；个性外向的人比较会采用购物的方法；内向的人则相对会选择试着独处。

研究人员也请了几位精神治疗师评估这些一般人日常生活中常用的心情转换对策，结果精神治疗师的结论是：**主动的心情管理**和**追求愉快的活动与消遣**是两种最有效的方法，至于直接降低压力则是最不可能成功的方法——而这也实质反映出了受访者本身的受访结果。

研究人员也研究了这六种类别里的个别行为，想知道哪种行为最能帮助人们有效摆脱低落情绪。结果发现，最有效的是运动，第二有效的是听音乐——这点好像和一般人的直觉想法不同，因为你可能以为，找朋友聊聊才是最好的方法。此外，心情低落时，最不该使用的方法就是独处和避开触景伤情的人、事、物。同样的，进食和看电视也不是好办法。所以，下次心情不好时，如果你想做点什么来摆脱这种情绪，或许带着你的 iPod（苹果电脑公司出品的一款音乐播放器）去跑步会是个很不错的选择！

然而，这类研究令我们咋舌的是，人们在面临同样的心理事件时（这里指的是情绪低落），竟然会有这么多种不同的做法……当然，我们也得到了一个简单且明确的答案：运动是最管用的方法。

运动会让大脑自动产生内啡肽，令你情绪自然地高涨起来；而内啡肽可被重复使用，多少次都没关系，它不像药物般会有害身体健康。此外，运动不只能令人心情舒畅，也会让人因为成功克服锻炼中的难关，重新建立起自信心——当然，它也需要某种程度的专注，这是一种重新导正思维的好方法，能帮你从情绪低落的症结点中爬出来。音乐也很有效，因为你精挑细选出来的音乐能为你灌注正面的记忆，唤起快乐的回忆。

然而我必须持平地说，塞耶这项研究的立意虽好，但问题卡在他要求实验对象评比他们日常生活里"实际"用过的方法。这里可能出现的问题是，如果让他们试用别的方法，或许会发现其他方法更有效。另外，倘若无论你对运动有多么坚持不懈，但它对你来说就是不管用，那该怎么办？这类研究的问题就出在，它往往只能告诉你各种提振心情的行为的平均成效，但就整体来看，这里头仍有些结论是和人格差异有关的——不过你也别因此而踌躇不前，我们还是可以先去运动的，毕竟，它对多数人来说是有效的。

运动也是我解决情绪低落问题时最爱使用的方法。我在十三岁左右开始迷上了跑步，但这也成了我们母子间的争议点。我母亲满脑子认定（而且曾充分表达过）"这种会搞得满头大汗的事对你一点帮助也没有"——我当然很不同意，而且认为这是世界上最正常的活动，是我们过去进化时所埋下的一个因子。不过她倒也能找到别的方法来让自己放松和转换心情。她会和要好的女性朋友坐在火炉旁"抽根香烟，喝点小酒"（她喜欢这样形容）。

抽烟和喝酒在心理学上的用途比较受限制（更何况它们最后可能害死你，这又让人有点情绪低落了）。但你要怎么说服那些人去跑步呢？这问题就比较棘手了。

如何保持快乐心情

根据美国的研究（也许就因为是美国的研究，所以对总结论来说才会如此重要），保持心情愉快的最好方法，就是永远不要放弃自己的梦想，不断想象着你的生活会愈来愈好。每天腾出二十分钟，找个安静的空间，好好想想这件事，想一想你人生中期待达到的所有美好目标，以及你要怎么达成这些目标。这将助你厘清目标的优先级、你的动机和你的价值观，此外，也能帮你把思绪和情绪往特定方向导引。它可以作为一种有效抵御负面情绪的缓冲器，帮助你保持愉快的心情。

其实过去几年，早有心理学家提出很多建议，教人如何提振情绪，如何保持愉快心情，其中有些建议是平日就能做到的，譬如，仔细想想自己有哪些地方是值得庆幸的；不吝惜对人行点小善；想想自己最风光的时候；专注于个人目标。密苏里大学哥伦比亚分校（University of Missouri-

Columbia）的肯侬·薛尔敦（Kennon Sheldon）和索尼雅·柳波莫斯基（Sonia Lyubomirsky）挑出了两种对这方面尤其有帮助的心智练习：**凡事感恩**及**想象自己日后的可能成就**。他们的理论是，凡事感恩涉及各种不同的心理过程，所以可能很有效，其中包括：第一，如果你对目前拥有的总是抱持感恩心情，就会比较懂得欣赏和领会日常生活中的各种正面经验；第二，懂得感恩，你就不会再把生活里众多的美好事物视为理所当然；第三则和社交有关，因为懂得感恩，所以能和别人建立起良好的社交关系；最后一点是，凡事感恩的你会约束嫉妒心，不让自己变得尖酸或贪婪。

第二种心智作业练习，则是要求实验对象有意识地想象自我日后的可能成就，然后写下来。根据研究专家的说法，这方法可能有效的理由是，它可以让人"重新建构自己的优先目标，更深入了解自己的动机和情绪"，此外，也可以让人厘清自己的目标、动力源头和价值观。

拿"凡事感恩"这件事来说，参与研究的实验对象得写下生活中值得感恩的大大小小的事情，包括经常在背后支持你的人、别人为你做的牺牲与奉献，以及生活里大大小小的事情，譬如你的优点和遇到的机会，甚至对生命的存在及我们居住的这个大千世界心怀感恩。这样一来，你会挖掘出以前不懂得欣赏的生活细节，而它们都是值得你感谢的地方。

至于自我日后的可能成就，薛尔敦和柳波莫斯基则是要求实验对象想象自己未来的景况：那时，所有目标已经尽可能圆满地达成，你已经努力达成了人生中的所有目标；你的人生梦想已经实现，你已经把所有潜能都发挥出来了。这样一来，便等于找出你人生中最可能实现的成就，从而帮助你改正你现在的决定方向。

其实，这两种练习都能立即减少负向情绪。换言之，它们都很有效，但

只有想象自我日后的可能成就练习，可以有助于制造出更多正向情绪。此外，实验对象在第一次练习过后若能继续做下去，在正向情绪方面便可得到更长效的改变。说到长效改变，并不是指实验对象会变得愈来愈开心，而是指他们的正向情绪不会像其他做完第一次练习之后的人那样又掉回低点。套句薛尔敦和柳波莫斯基的话："我们的这套练习，可能具有缓冲器或弹力源的功能，而不是一种让你变得更快乐的方法。"

所以要长期保持愉快心情的最好办法是什么？最有效的方法就是想象自己未来的美好：你已经完成目标，你已经成功，一切都很完美。连续一个礼拜每天花二十分钟想这件事，让脑袋专注在这个简单的练习上，调整自己的情绪——当然，它不见得会让你愈来愈快乐，但可以让你的快乐程度不会随着时间的过去而下坠，这一点本身就很美好。

简单的心智练习就能影响我们的情绪状态，尤其是我们的正向和负向情绪——这听起来好像有点怪，但它的确有效。现在有很多证据显示，我们的思考模式对我们的情绪状态有着重要影响（反之亦然，我们的情绪状态对我们的思考也有很大影响，包括我们对信息的处理和记忆方式），但有时候简单的练习就可以改变我们的感受方式，这也是这个研究要告诉我们的。它分别分析了正向和负向情绪经验，证实两种练习都能降低负向情绪，但只有一种（想象自我日后的可能成就）可以增加正向情绪。这个练习也可能让你长期保持愉快心情，作用就像某种缓冲器，能帮你阻隔那些会造成情绪低落的外在因素。总有一天，这类练习可能会变得像为预防蛀牙而必须每天刷牙那样平常：晚上睡觉前最后要做的事，可能是先刷牙，然后再想象自己日后的可能成就——就把这两件事当成是生理与心理上的某种例行工作吧，两样活动或许都能预防坏事发生哦！

提示

●我们每天的世俗想法都会影响我们的情绪状态。

●我们可以从每天的思绪着手，让自己变得更快乐。

●想象自己未来的美好，借此保持心情的愉快。

●千万记住要对生活中的所有好事都心怀感恩。

●每晚刷牙后要做的就是回想一天下来你遇到的所有好事，别在睡前去想你今天遇到的坏事。为正向记忆"添点料"，一早起来心情一定格外愉快。

如何唤起快乐的童年记忆

我发现要唤起快乐的童年记忆很难，唤起悲惨的记忆倒不难。也许是因为我来自一个特别感伤的家族，快乐和悲伤的经验这两者并没有达到很好的平衡。我的父亲和兄长都骤然过世，没有机会与我们好好道别，也许这就是为什么家人心里的阴霾一直不退，以及为什么我母亲一直郁郁寡欢的原因。我哥哥是在攀登喜马拉雅山时命丧途中的，当时他刚满三十岁；我父亲在他五十一岁时撒手人寰，比我哥哥早走了十二年半，当时，他去贝尔法斯特的皇家维多利亚医院（Royal Victoria Hospital）做例行检查，但直到他入院前一天才告诉我们他自己糟透了的检查结果，他不想大家为他担心。动手术的前一晚，我和母亲、哥哥都去探望他，那是一个礼拜天的晚上。在我和他的最后一次对话里，我告诉他我自己养的一只天竺鼠死了。当时，我只是脱口而出，当作笑话讲，或许是因为我想打破那晚在病房里感受到的情绪压力，才随口说了这件事，但他看起来真的很伤心。身穿蓝色条纹病人服的他从床上坐起来，脸上的眼镜往下滑落，我受不了那种气氛。"没有啦！我只是跟你开玩笑的，爹地。"我笑着说道，"爹地，我是开玩笑的，这只是个烂笑话。"那时，我常用这种怪异的伎俩帮人打气。我会瞎编一个坏消息来骗人，再告诉对方这只是个玩笑，我要说的其实是好消息。可是我父亲在听到我这么说时，还是释然地一笑，他很高兴我没有因为失去了什么而感到难过。然而，隔天他再也没有醒来，在昏迷了一礼拜后，第二个礼拜天就走了。就在父亲生死攸关的那礼拜，每当我从学校坐校车返家，左转行至我家时，都会紧张地瞄一眼我家的房子，看看百叶窗有没有拉上，然后莫名地有种反胃的感觉。关于天竺鼠的那番话竟成了我和父亲的最后一次对话。

只要我在家，我母亲都喜欢谈我父亲的事。每次提到他，她开头一定先问："你还记得吗？"我会含糊地点点头，因为真相是，我真的不记得有关他的点点滴滴了。我想这是一种自卫性的遗忘、为求减轻痛苦的一种压抑形式。但我听过太多有关父亲的故事，他遂在这些故事里重生了。

不过我对他也有一些来自内心深处的印象，只是有点支离破碎，无法被完整地拼凑出来。我记得他笑的模样（其实，他的照片可以提醒我），还有他阅读时眼镜架在鼻尖上的模样。我也记得他伸出手臂穿外套，还有他把帽子往前额压的样子。我记得他看报纸的神情，还有他拿报纸的姿势，但好笑的是，我居然记不起来他看的是哪一家报纸。他死后，我们再也不买日报了。有个邻居会在每个礼拜快结束时，把整沓报纸送给我们。

我当然还清楚地记得他死的那天晚上（清楚到令我很不舒服），我姑妈很气恼那天竟然没有人接我们去医院看他，不过他们本来就不准我去医院看他，因为他躺在那里一点意识或感觉都没有（可是我母亲总是说他知道她在身边，因为他把玩过她手上的婚戒。多年来，她一直这么认为）。我记得那天晚上我姑妈脸上的表情（即便是现在），还有我姑丈泰瑞斯（Terence）的脸，是他阻止我们进入医院的。我也记得那天晚上的雨，还有医院停车场上零星的水坑。我记得"他回到家"的那几天，躺在客厅棺材里的模样。他的面容莫名地好看：他躺在亮晃晃的白色缎布上，脸上扑了粉（有人告诉我的），粉红色灯罩的光晕衬得他全身发亮。"那些颜色最适合你爹地！"当他们送他回家时，我的姑妈安葛丝（Agnes）这样对我说。"就好像他一边散步，一边呼吸着新鲜空气，走到那家小店，再折回里格奈尔路一样。他最爱这样散步。他是个帅哥，我是说你父亲，他一向都很帅。"我母亲总是说，以尸体的标准来看，他算是英俊了，因为他是在身体状况良好的情况下死去的。"他只是去开刀，然后没再醒来而已。"她这样解释道。这话当时听起来很有道理，即便现在也是。

我对父亲还有一些印象，但他的声音已经完全消失在了我的记忆里。前几天晚上，我看了一个电视节目，里头有个催眠专家说，人类的记忆有点像一台人生录像机，所有事件都被储存在某种生物胶片的滚动条里，只要你有钥匙打开它，就能一再播放。可是我总认为这说法不尽正确，因为不管我多努力地回想，最后还是只记得有关我父亲的一些影像片段而已。我记得有天下午，我们爬上了那条高城路。当时我踢着橄榄球，他躺在那里看报纸，眼镜挂在鼻尖上，空气里弥漫着某种味道。我记得我把球踢到空中，在地上追着球到处跑，那时地面上长满了扎人的黄色金雀花，还有松脱在地的尖锐砖块。我记得，当时我感觉到尖锐的砖块穿过我那薄底的运动鞋，害我跌在一堆碎玻璃上，而且不知怎么搞的刺破了脚踝上的皮，我父亲只得抱我回车上。我不记得他的声音，也不记得我们那天说了什么，只记得他吃力地抱着我，走得气喘吁吁，胸部似乎有些不舒服。我记得在回去的路上，他的眼镜掉了，于是他在湿湿的草地上把我放下来，去捡眼镜。他的眼镜经常滑下来，因为镜框松了。

我记得他的味道。我也记得机油味，包括马路上的机油和渗进旧工作裤里的机油。他的绰号叫"螺丝刀"，因为他在瀑布路（Falls Road）的汽车维修厂里担任贝尔法斯特公司（Belfast Corporation）的修车工，负责维修巴士的引擎，常得给巴士加机油，身上总带着机油味。即便在休假时，那种味道也挥之不去。我一直忘不了旧工作裤上的那种味道，甚至父亲过世后有几年时间，我很喜欢拿起油腻腻的抹布凑近鼻子深吸一口，想让他活过来。普鲁斯特（Proust，译注：法国意识流作家）很清楚味道会唤起人的记忆，至于其他东西都无法重新唤回已然逝去的一切。我父亲过世后没多久，有一次我在街上被一个女的逮到正在闻一条油腻腻的抹布，她以为我在吸什么毒品，于是作势要告诉我母亲。"你离家出走啊？"她说道，"你不应该做那种事。那会吸进肺里，害你早死的。"父亲死后，我想留下他的衣服做纪念，可母亲把它们全送给了父亲的哥哥吉姆（Jim）。吉姆那天来拿衣服时喝了酒，两眼猩红，没进屋来，站在街上等着我们把父亲的一堆衣服拿出去给他。

我想留点父亲的遗物。擦洗电视机上方的橱柜时，我在母亲放针线的小篮子里找到了他的眼镜盒。眼镜已经不见了，于是我留着那只盒子。它闻起来没有他的味道，只有旧塑料味，弹簧也坏了，害得盒子没办法像以前那样可以啪的一声立即合上。我以前常躺在床上看着眼镜盒，试图拼凑出他被遗忘的部分，但没有用。我的记忆不受我的管束，有些记忆会自己回来，但多数都藏了起来，还有很多失踪了。

我记得自己当时最好的朋友柯林（Colin）在葬礼那天拖着脚走在我旁边说他感到很遗憾。他几个月前也才失去自己的父亲，所以这句话显得格外沉重。我们当中有很多人都失去了父亲，也许这也是我对抽烟向来反感的原因。

我记得柯林事后告诉我，葬礼那天，我都没抬眼看过他或其他任何人，只是一直看着地面。我走在棺木后方，从头到尾没有抬头，毕竟那时候的我只是一个想尽办法要压抑情绪的十三岁男孩而已。

我不记得父亲是怎么说话、大笑、哭喊或诅咒的——我是指他的声音，包括他的语调和他的音色。可是我记得有个头发纠成一团的长发女子在葬礼的前一晚溜进我们屋内，试图亲吻棺木里的他。她是个常被我们这些男孩捉弄的老酒鬼。我还记得当时的景况，就像慢动作的电影一样，我看着事情在眼前发生。我能解读她的企图，但其他人刚开始似乎并不明白她来这里做什么。"酗酒的下场真是可怕。"他们都这么说，可是我知道她喜欢我父亲。她说我父亲是好人，好到无法留在人间。然后她就朝棺木倾下身去——我记得当时有人大叫，说不该让她进来滴口水在我父亲身上。他们真的是用"滴口水"这三个字。当时，姑丈泰瑞斯想尽办法要拉她出去，把她赶出门外，结果发生了一阵扭打。我母亲哭了，我哥哥比尔和我面面相觑，满脸尴尬，不知如何是好。我记得那个老女人在外头街上啜泣的声音，大门（虽然它不是真的很大，但我们都这样叫它）被猛地关上，她用力拍门要我们放她进来，之后，她的哭声随着她的离开渐渐微弱。屋里的人都停下来，竖耳去听，所有谈话和眼泪都暂时打住，等着这场闹剧结束。

不过我对那阵子的事情还有另一幅影像记忆。它从来没有消失过或被时间冲淡过，影像已经有点支离破碎，但经常会自己跳出来，终其一生萦绕在我脑海里。我父亲下葬后的那天晚上，因为我们家不够大，无法容纳所有亲朋好友，于是全聚在我姑妈家吃茶点。当时所有人都来了，大家很安静地喝着茶，不时有人因为想到棺木入土的那一刻而失声啜泣。亲朋好友全到齐了，除了我那美丽的表姐米娜（Myrna），那天她竟然莫明其妙地跑去上班，没有人知道原因（以前好像总是有很多东西是怎么解释都解释不清楚的，至少对我这样一个十三岁的男孩来说是如此）。我们守夜守到一半时，米娜突然走了进来。她好像靠着门框，没有进来，站在那里瞪着所有人。我现在还能在脑海里勾勒出她的样子，那幅影像永远刻在了我心里……一个形销骨立的灰色鬼魅，眼睛和嘴巴似乎早已死亡。

我听说过她有饮食失调的问题，也就是神经性厌食症，并且为了确定我听到的内容无误，我还偷听过别人的谈话。我母亲说那是"减肥的人会得的毛病"，不过我已经好几个月没见到她了，因为那时她正罹患那种病。她曾躲开所有亲友，但此刻却满脸悲伤、静静地站在那里，仿佛是个正常、健康的人，只是迟到了。

几个礼拜后，她染上肺炎死了，就葬在我父亲的坟对面的一排墓碑里。她的母亲是我的姑妈，名叫梅（May）。梅是个甜美可爱的妇人，有娃娃音且常咻咻地笑，然而她总是说自己的女儿会得厌食症，全是一名医生在某次例行健康检查时随口说的一句话给害的——那名医生说我表姐有点胖。于是我姑妈老是说，从那一天起，米娜的饮食就再也不正常了。

危及生命的饮食失调症竟然是这样引起的，听起来简直可笑。可是多年后，我指导的研究生有专门分析厌食族的，而他的研究结果令我惊讶，原来有不少受访者都指出他们的厌食起因都是类似这种"随口说的话"。厌食症是一种很复杂的心理失调问题，病程还牵涉文化、人格和生物因素，人们却往往喜欢归咎于单一起因，以便让他们有个理由可以说："要是没发生那件事就好了……"这个单一起因通常是一件谁都可能遇到的事（任何一个正常家庭都可能倒霉遇到的事），而且绝对不是家庭内部因素（所以你不能把这件事怪到这一家人头上）。体育老师说苏西太胖了，不适合参加球赛；男朋友说珍穿那条紧身牛仔裤，屁股显得太大；医生嘲讽他的病人最好减重——原因多半脱不开这些。这也提醒了我，尼采（Nietzsche）曾经写道："为某种不可知找出可知的根源，可以减缓痛苦，令人宽下心来及获得安慰，尤有甚者，会让人自觉很有权威。危险、不安、焦虑都源于未知，因此，第一直觉就是先去除这些恼人的情绪状态，而首要原则就是：有原因可以解释，总比找不到原因来得好。"

我的家人就像其他家庭一样，找到了一个可以解释的原因，而这个原因强调了随口说的话所带来的杀伤力（我想这是在暗示那些权威人士，不经意说出来的话是有杀伤力的）。没有人质疑我姑妈的说法，于是它就成了我那美丽的表姐下场不堪的背后原因。那一年是我生命中很悲惨的一年。有时我认为，我之所以对自己还有别人的体重常有成见，可能就是在那年被洗脑的。我靠每天跑步来维持我精瘦的身材，这对一个像我这么忙碌的人来说是罕见的恩赐，也是绝对的诅咒。我会摸黑在太平洋海岸公路上慢跑，有时竟为了怕少跑一天，还会刻意深夜抵达 LAX 机场（洛杉矶国际机场）。（由此观之，你应该可以想象得到，构成我大半人生的基础剧本有哪几出了。）

不过我对米娜还有另一个简略的印象，这印象是正面的。年幼时，我们曾与几个小朋友一同坐在草坡上玩耍，那片草坡中部有点凹陷（很奇怪我竟然能清楚地记得那块凹陷）我们都围着它坐，玩着某种游戏。那是一片开满野花的草地，到处都是亮黄色的金凤花。我模糊记得米娜坐在那儿开心大笑的样子，那是一种很孩子气的笑法，像她母亲一样——我想我记得那声音，不过那真的只是影像片段，没有情节、没有开始，也没有结束。我不知道我们是怎么到那片草坡的，也不知道我们在那里做什么。可能我们在玩游戏，只是我不记得是什么游戏，还有我哥哥比尔当时在不在。我不记得那次我有没有摘野花回家送我母亲，那是我经常会做的事。我也不记得那片草坡在哪里。这似乎是个短暂、有限的印象，不是很鲜明，不像米娜站在门口的那幅影像被我牢牢地记在心里……脸色灰白、眼睛无神，然后突然出现在我父亲下葬的那天——不幸的是，这阴暗的记忆竟像水晶一样清澈透明，完全没有消失的意思。

这些都是我孩提时的记忆，但其实我希望自己能有不一样的回忆。我希望可以更随心所欲地控制自己的想法，让好坏记忆能够相抵——但有时候，无论我怎么努力，总是只有不堪的回忆失控地跳脱出来……它将细节还原得十分清楚，并且就这样折磨着我。可是根据一些心理学家的说法，你可以按部就班地靠一些方法来唤回自传式记忆，包括好的回忆。其中有一个能帮助你清楚唤回孩提时记忆的方法：在你试着回想那些往事时，可以同时呈现原始记忆里的肢体行为。

近四十年来，我们已经知道，要找回记忆，最好的方法是使身处的环境条件和记忆当初发生时的条件一样。所以，如果某件事是在醉酒的情况下发生的，那么未来如果你又喝醉了，可能就会很容易找回当时的记忆（这也是为什么有时当你喝酒后，许多回忆会不自主地涌现出来）——然而，最近有研究显示，像记忆这种心智过程，并不能隔绝于肢体经验之外，它和人类的感测作用及肌肉运动是一体的。曾有研究要求一批实验对象必须站直身子、脸上挂着笑容，同时回想愉快的经历，或者回想曾发生在自己身上的不愉快经历；而另一批实验对象则被要求弯腰驼背、垂头丧气，同时回想愉快或不愉快的经历。结果研究人员发现，当实验对象站直身子、脸上带笑时，比较容易回想起愉快的经历，而当实验对象弯腰驼背、垂头丧气时，则比较容易回想起不愉快的经历。换言之，两种肢体姿势和面部表情，似乎都对记忆的唤回着有很大的影响——当行为吻合记忆储存时的原始行为时，就有助于记忆的唤回。

佛罗里达州州立大学（Florida State University）的卡迪卡·迪斯壮（Katinka Dijkstra）、麦可·卡查克（Michael Kascha）和雷夫·史旺（Ralf Zwaan）进一步测试了这个理论。他们要求实验对象在不同的肢体姿势下回想特定的往事。实验对象必须回想八种不同的记忆，包括去看牙医、运动、为某人开门、在音乐会上拍手鼓掌、向某人招手等，还要把手放在胸口。实验对象也被要求在两种状况下进行回忆。第一种状况（姿势一样）是肢体姿势必须"符合"记忆原始储存时的肢体姿势，譬如躺在牙医的诊疗椅上回忆当时去看牙医的情景。第二种情况（姿势不一样）是肢体姿势和当初的姿势不同，譬如以双手叉腰的站姿回想去看牙医的景况（很少有人是这样站着拔牙的）。然后研究人员要求实验对象两礼拜后回来，再次用两种姿势去回想同一件事。结果，研究人员发现，采取同样姿势的实验对象，可以在较短时间内找回记忆，而且过了两礼拜后，实验对象在同样姿势下所回想到的自传式记忆内容会多于第一次的记忆；研究人员也发现，年纪较轻（二十二岁）和年纪较长（七十岁）的成人在这方面的成效较好。套句迪斯壮等人的说法："肢体姿势的刻意呈现，对自传式记忆的取出和后续的唤回有着重要的影响。按当年的记忆调整肢体姿势，有助于年纪较轻和较长的成年人找回自己的记忆。这证明，如果你当年的经历和现在的回忆都是以同样肢体姿势在自传式记忆里诠释内容，就会比较容易找回对那次经历的记忆。"

这方法之所以有效，是因为大脑储存信息的方式是，把事物或事件的意义与我们和它们之间的互动经验联结起来。套句安东尼奥·达马西欧（Antonio Damasio）的话："人脑是以高度分布式的方法在形成记忆。举'斧头'这个记忆为例，我们的脑袋不会留出一个空间去放'斧头'这两个字，也不会放上词典里的定义，说斧头是什么什么云云。反倒是脑袋里会出现我们以前和斧头互动的不同经历：它们很锐利；使用斧头的典型动作；操控斧头时的手形和手势；动作结果；还有在你所知的语言里，它是被怎么称呼的。"

所以，你可以利用脑袋里的这种基本架构和功能，助你的自传式记忆现形。举例来说，如果你要回想孩提时的美好经历，不要用垂头丧气的姿势，或是严肃不悦的表情去想它（你可能会不由自主地露出那种表情，因为你以为这很难回想得起来，所以是件苦差事），而是换上一张快乐的脸，摆出比较开心的肢体姿势。从另一个角度来说，如果你试着回忆一件悲伤的往事，务必得做出垂头丧气的模样和悲伤的表情。借由姿势和表情的控制来帮助你回忆，等于是在善用大脑的结构特性，帮助自己召唤记忆。如果你想记起小学时盘腿坐在地板上听老师讲故事，并且被老师赞美表扬这类往事，就可用同样姿势坐下来，脸上挂上期盼的表情，以这样的方式试着回想当时的情景。

如果你想记起小学第一天的经历，以及对学校的第一印象，你可以假装伸出手被父母牵着，走向学校大门；如果你想记起考试发榜的欢乐情景，你可以站起来，假装打开信封；如果你想记起小时候雀跃地看见外出好几小时的父母终于回家的那种心情，可以先回想一下自己当时可能是什么姿势——也许是跪在沙发上看着窗外，开心地看着他们朝屋子走来。这些模拟以前姿势的方式将有助于你回想。如果你像平常一样，以很严肃的和很专注的态度去回想这些珍贵的记忆，不试着模仿以前的姿势，一定会很难唤回记忆——或许你觉得这个方法听起来有点怪，但试着做做看，可能真的有效哦！

不过我还是得说，这些研究人员要求实验对象进行两次回忆，并比较第二次和第一次的差别，以了解回忆内容的多寡，然而可惜的是，这个研究并没有拿事件发生时的确切记录，与第一次的回忆做比较（因为它并没有留存实验对象以前的影像记录）。不过，现在的影像记录数量相当多，所以要做这种实验不再是难事。改天我想亲自试试这个有趣的点子。不过，对于可能得到的结果我倒是有点担心——它也许就像打开各种水闸一样……你恐怕要更勇敢才行！

提示

●我们的自传式记忆是高度选择性记忆。
●如果你在回想的时候，身处的环境类似于该记忆第一次被储存时的环境条件，就会比较容易记起当时的景况。
●如果你想记起孩提时的事，你的肢体姿势要尽量和当年的姿势相同才行。
●如果想记起快乐的回忆，你就要表现快乐。
●如果想记起悲伤的回忆，你就要表现悲伤。

如何心平气和

不想乱发脾气，最好的方法就是：**不要有意识地试图压抑自己的怒气，而是要下意识抑制自己的脾气**。换言之，如果你能彻底改变对发怒的看法，效果会好很多——这听起来真的很难，不过好消息是，我们从其他研究领域里得知，这种下意识态度是可以改变的。方法之一，就是多接触个性与我们截然不同的正面榜样。如果你的性子很烈，容易发脾气，这种个性也许是受到坏榜样的影响，譬如你那位动不动就爱乱发脾气的老板。因为这会强化你的隐性（或下意识）信仰，害得你以为一有压力就该把脾气发出来；也等于在暗示你，这种愤怒经验和表达方式其实是件好事，因为成功人士都这么做。

你必须找到别的榜样，譬如在多数情况下都能心平气和的人，并好好想想，这些新的榜样是如何平和地面对生活里的各种试炼；也可以找个性冷静、内敛的人一起看电影，必要的话，可以每晚去找对方，因为你需要改变自己的隐性信仰。

科学也解释了上述这些现象：你在极度愤怒的情况下把怒气宣泄出来，或许会有几秒钟时间觉得很爽（我和多数人的经验是，这种爽的感觉通常只维持几秒钟而已），但这种发泄方式无法产生持久性的正面心理效应，事后你反而更觉得有压力。而且发泄过后，会有短暂的或甚至几小时的时间无法清楚地思考。但试图压抑脾气也一样危险（一般人或许都这么认为）。丹佛大学（University of Denver）的艾莉丝·毛斯（Iris Mauss）和她的同事就曾研究过，有没有什么方法是有别于"你发脾气就完了"和"你不发脾气就完了"这两种两难的情绪管理的。研究人员认为，以前虽然也有试图解决人们乱发脾气的问题的研究，却都是强调发脾气的人要在有意识的情况下刻意控制住情绪。但他们认为，试图压抑脾气之所以令人反感，可能是因为你得在有意识的情况下费力才能做到。他们觉得或许有别的替代办法。也许可以找到一种不必在意识上刻意压抑情绪的方法，能让人们管理好包含愤怒在内的负面情绪，不再因企图刻意压抑情绪而付出代价。换言之，研究专家想问的是，我们能靠驾驭自动机制来处理愤怒情绪吗？

这个研究抛出的第一个有趣议题是，怎样试着找出这些自动处理机制。顾名思义，这些机制是在实验对象的意识以外的运作，所以不要以为，只要询问实验对象有关这些机制的事，或者利用任何陈述法（self-report）就可以解决问题。毛斯和她的同事利用了安东尼·格林沃德（Anthony Greenwald）及其同人所研发的内隐联结测验（Implicit Association Test，简称IAT）来处理这个议题。基本上，IAT 是一种"反应时间"的测量方法，可用来测度各种类别的内隐价值。它的概念是，在人的下意识里，两种类别的关联愈是紧密，就会愈快被认定属于同一类，而且这种认定少有错误发生。最近，我利用 IAT 来测量人们对环境议题的下意识态度，尤其是人们对高碳足迹（high-carbon-footprint）和低碳足迹（low-carbon-footprint）产品的下意识态度。结果发现，实验对象会以较快的速度将低碳足迹产品与代表"好"的评价类别联想在一起。相形之下，对高碳足迹产品的联想速度就比较慢。可是为什么他们不会因为这个理由去购买更多的低碳足迹产品呢？这就成了一个很急迫也很有意思的问题。毛斯和她的同人在研究调查里使用了一些字眼，有些字眼关系到对强烈情绪的**调适**（譬如"受到控制""冷静""隐藏""从容""抑制"），有些字眼关系到强烈情绪的**表达**（譬如"表情丰富""情绪化""泄露""揭露""释出"），还有些**正面字眼**（譬如"愉快""好""金色""光荣""幸运"）以及一些**负面字眼**（"负面""坏""阴沉""下流""卑劣"）。

情绪调适字眼	情绪表达字眼	正面字眼	负面字眼
受到控制	表情丰富	愉快	负面
冷静	情绪化	好	坏
隐藏	泄露	金色	阴沉
从容	揭露	光荣	下流
抑制	释出	幸运	卑劣

　　IAT 会测量每个实验对象是以多快的速度，将情绪调适和情绪表达字眼与正面和负面类别联想在一起，由此便可看出实验对象下意识对情绪的调适

和表达有何看法。

在第二阶段的研究里，毛斯和她同事测量了实验对象在一连串诱发愤怒的实验里实际呈现出的行为反应。其中一个实验中，实验对象必须从字迹脏污的稿子里尽快找出看起来大同小异的一系列字，中途不断有人打断他们，要他们"大声点说"，甚至暗示他们做得不够好。这些心理学家想从中知道，实验对象下意识的情绪调适和情绪表达态度会对他们工作时的实际情绪反应造成什么影响，于是仔细观察了他们一连串的行为，包括面部的愤怒表情、爆粗口、愤怒的思绪及心血管反应。此外，也观察了实验对象在这种情况下如何刻意地控制住脾气。研究人员发现，下意识对情绪调适最持正面态度的实验对象，在实验中和实验后，都比较不容易发脾气，情绪较为放松，负面思绪和行为也比较少。换言之，IAT 可以透露出人们下意识里对情绪表达管理的态度和看法，而且可以由此看到他们处在可能诱发怒气的环境时下意识的反应。套句研究人员的话："有些人在极度负面的环境下，似乎仍有能力（不必刻意费力的情况下）保持自身的镇定与冷静。"反过来说，当然也有些人一定得在刻意压抑的情况下，才能保持自身的镇定与冷静。他们必须刻意使用一些方法，才能改变自己的行为反应。这个研究报告强调的是，情绪调适自动机制所扮演的角色。多年来，心理学家们都认为，我们对情绪的感受是由我们的思维和意识里的诠释来决定的。但这个研究告诉我们，其实有很多感受是超出意识思考范围的。

那么，你该如何阻止自己发脾气？这些研究人员的研究结果是，你必须改变自己下意识对情绪调适的看法。我们都知道下意识态度是可以被改变的，譬如自从奥巴马当选美国总统，我们就下意识对黑与白的看法有了改变。这也是一样的逻辑，譬如多多观赏主角处事不失冷静的电影或电视剧，等真的看多了这类电影，你对情绪调适的下意识态度就会受到影响。下次当你身处令你愤怒的环境时，下意识的调适机制就会主导一切，阻止你发脾气，但又不会对你造成伤害。你只要数到十就行了。

提示

●我们的下意识态度会直接影响我们的行为。

●改变你对愤怒的下意识态度，就能阻止自己发脾气。

●去看一些剧中主角冷静、自持的电影，他们总是能在不失理智的情况下达成目标。

●千万记住，发脾气只会让你觉得自己很笨，也害得别人只想躲开你。

如何更珍惜当下

你有多少次因为不懂得珍惜当下时光，而看着它从眼前溜走？回顾一生，你有多少次因为不懂得好好享受一些特别的时光，而事后懊悔不已？其实，这是可以通过学习来改变的。方法是，你要自觉地去注意眼前稍纵即逝的事物。如果你想真正享受一个紧凑的假期，就要提醒自己只剩几天假期就要结束了；如果你想认真做好眼前的工作，就得提醒自己这种工作机会并不常有。我们都知道懂得珍惜当下的能力和心理幸福感（psychological well-being）有关联，但就是有很多人不珍惜当下，任由时光流逝，甚至不拿它当回事，把日复一日的存在视为理所当然——包括生活里的寻常乐事。想要珍惜当下，就得先抵挡住这种常见的偏差念头，随时有意识地提醒自己，时光稍纵即逝。我也曾不懂得好好把握与孩子的相处时光，愚蠢地以为未来还有很多时间——结果不然，现在这种机会已经没有了。

　　加利福尼亚州克莱蒙特（Claremont）波莫纳学院（Pomona College）的洁米·库兹（Jamine Kurtz）曾针对如何让人们掌握当下的快乐做过研究调查。她指出，虽然很多心理学家都认为，珍惜时光的能力与心理幸福感有关联，但有时候实在很难做到。库兹认为唯有时时提醒自己快乐时光稍纵即逝，才会懂得把心思完全专注在美好的当下，而且也会因为掌握了当下的美好而变得更有动力。

　　库兹的方法是，要求一群还有六礼拜就要毕业的大学生写下他们的大学经历，包括"在大学的朋友""校园""在校园里参加过的活动"，还有"整体的大学经验"。每个主题都有一个前提，而这前提不是"假如你在弗吉尼亚大学的所剩时间不多"，就是"假如你在弗吉尼亚大学还有很多时间"，然后再要求他们写下他们对以上主题的看法。库兹研究的目的在于，暗示其中一组学生所剩时间不多，但对另一组学生则强调他们还有很多时间可以好好享受大学生活。实验对象写下看法的那天晚上收到的电子邮件，要求他们上线填问卷，汇报自己的心情，同时也要汇报他们有没有去参加校园里的一些相关活动。两礼拜后，实验对象又收到电子邮件，被要求上线回答四份类似的问卷，最后一份问卷会对主观快乐程度（subjective happiness）进行测量。库兹就是利用它来检验整个实验过程中快乐的变化程度的。

　　分析结果显示，在实验中被提醒大学时间所剩不多的学生，对最后一段时光的主观快乐程度都大幅提升，除此之外，他们在这段时间内也参与了校园里的更多活动。所以这个研究证明，只要集中注意力去想美好经历所剩时间不多，当事人就会对眼前的美好经历有更深的感受，此外，也会影响他们对时间的管理方式。当你提醒人们眼前的美好经历即将步入尾声时，不见得能立刻提振他们的情绪，但会慢慢产生效果。所以，如果你希望别人（或自己）更懂得把握当下，就要提醒他们（或提醒自己），**没有什么东西是永远存在的**。

这个练习说明了一个简单的道理，虽然简单，但显然有主观吸引力（intuitive appeal）。人生最大的问题在于，我们对眼前的事总是不懂得欣赏和珍惜，等到它不见了，才恍然大悟我们曾拥有过的快乐体验——这个实验简单有力地证明了，唯有强迫人们用特别的方法去思考，才能提升当下的价值。然而，这个实验只考虑到特定的单一经历（并且有明确的结束时间点）：大学生活即将结束。倘若换个实验主题，譬如男女关系，这种经验也一样有效吗？毕竟有些男女关系可能结束得不明不白（或者可能藕断丝连一辈子，不过从统计数字来看是不太可能的）。如何让人们在隐约觉察到关系可能结束的同时，还愿意去珍惜当下的美好？我们可不可以让自己的念头专注在万物皆有定时，即便最美好的关系也会有终点，因此更需要好好珍惜上呢？在某些领域里，要真正做到这一点，可能不像这个研究想得那么简单。

提示

●懂得珍惜当下时光，这种能力和心理幸福感有很大关联。

●许多人不懂得珍惜当下，结果转眼间，一生就过了。

●要训练自己珍惜当下，就要随时提醒自己人生的这个阶段总有一天会结束。这方法或许让人有点感伤，不过很管用。

如何引起共鸣

当你告诉别人你的生活遭遇时，若是希望引起听者共鸣，就要想办法让对方出现适度的表意行为（expressive behavior），譬如边听边摇头。为什么这么说呢？因为我们的非言语行为会强化我们心里的感受。如果他们边听边摇头（不管理由是什么），就表示他们感受到了更多的共鸣——然而，你在说话的同时，该怎么让他们（感同身受地）摇头呢？你可以在说自己的故事之前，先问他们几个一定会让他们摇头否定的问题，然后再问他们，可不可以说点自己的亲身遭遇……于是等你开始讲故事的时候，他们的头或许都还在摇。摇头是一种和共鸣有关的非言语信号，而人们通常会照着自己展现出来的非言语信号，调整内在的心理状态。换言之，如果你能让听众边听你的故事边摇头，就能让他们感受到较多的共鸣，并且还能实际强化他们的情绪感受（即便是在实验室里公然要求实验对象听的时候必须摇头，似乎也能奏效）。这或许是门奇怪的科学，不过倒也不无道理。

根据伊利诺伊大学香槟分校（University of Illinois at Urbana-Champaign）的玛雅·塔米尔（Maya Tamir）及其同事的研究，我们下意识传送出来的表意信号（expressive signals）对我们的内在心理状态有很大的影响。这不是一个新的概念。威廉·詹姆士（William James，一八九零年）就认为面部表情的感知能力是一种可以读出我们主观体验（subjective experience）的重要线索。换言之，你正在笑和你知道你正在笑这两件事，会让你由内感知到你的快乐。这个概念暗示我们，如果你可以让人们表现出某种行为，就可以改变或操控他们的内在心理状态。韦尔斯（Wells）和佩蒂（Petty)进行了一项有趣的研究。研究结果显示，如果人们是一边点头（而不是摇头）一边听很有说服力的讯息，往往也会对这个讯息产生较正面的响应。即便是你明确要求听者做出这种行为，也具有一样效果。不过塔米尔抛出的问题是，行为的形式（form）对情绪所造成的影响是否都是一样的？因为行为的意义会因情况的不同而迥异。比如说，你正在看电影，电影里有个人谈到他们对药物上瘾的问题，并描述生活过得有多糟。像这种情况，如果你摇头就代表你的意思是"哦，他的情况真是糟"。这就是一种非言语的共鸣信号。换个例子，如果你听到的是这样的故事，从前被关在牢里的精神分裂症患者叙述他如何零割并杀害其中一个邻居，三十年后的今天，他从牢里被放出来后说，他只想要过正常的生活。影片里的他告诉你，现在的他已经洗心革面，"有资格过他想过的生活，无须再被疑神疑鬼的邻居监视"。塔米尔和她的同事说，如果你是在这种情况下摇头，意思则完全不同，因为这可能意味着"噢，这人好可怕"。换言之，塔米尔和她的同事要研究的是，非言语的响应（摇头与点头）是否对我们的内在心理状态造成了影响？还有这种影响是否会视环境、条件而变化？在这项研究里，实验对象被告知，研究人员正在研究肢体动作对记忆的影响。实验对象被明确要求必须做出两种基本动作之一：上下点头或左右摇头，频率大约是每秒一次。实验方法是，实验对象对着一段影片摇头，再对着另一段影片点头。等他们看完影片后，必须在一分到五分的量表上（从"我完全没有这种感觉"到"我有很强烈的感觉"）就十三个面向，衡量自己对影片中主人翁的情绪反应，包括：**同情、关心、理解、可怜、热情、同理心、气恼、讨厌、不耐烦、生气、嫌恶、不屑，以及敌视。**

研究人员认为这些情绪反应都属于"亲社会"（pro-social）的情绪感受。他们发现，实验对象听那位以前嗜药成瘾的人说话时，摇头动作会比点头动作产生更多亲社会的情绪感受。从另一方面来说，当实验对象听那位曾被关在牢里的精神分裂症患者说话时，摇头动作所产生的情绪共鸣会比点头动作少。换言之，当实验对象摇着头，听药物成瘾者谈论他的生活有多悲惨时，摇头会比点头动作更能让听者对他的遭遇产生共鸣。基本上，摇头动作会强化同情的情绪感受，但若用在那位曾被关在牢里的人身上，则出现反效果。也就是说，若是边摇头边听那部影片里的主人公说话，则表示他们对那位主人公的看法不带同情。

这些研究人员想要证明的是，下意识的表意动作对内在情绪状态是有影响的。但这些影响效果不能只归因于行为本身，因为以这两段影片为例，同样行为却有不同的结果反应。当然，成效如何也得看当时的情境。同样的行为可以放大亲社会的情绪感受，也可以减弱，这全视当时的环境、背景而定。不过这个实验要告诉我们的是，下意识的表意动作会对你的内在感受造成很大影响。

所以当你告诉别人自己的生活有多艰难时，如果你希望对方同情你，就必须想办法让他们边听边摇头。这听起来似乎有点好笑，但这的确是塔米尔和她的同事们明确要求实验对象做的动作。可是你该怎样在不特别要求的情况下，让对方摇头呢？也许你可以问他们愿不愿意做一件你明知他们无法做到的事：你可以在知道他们必须加班时，还故意问他们想不想看电影；或者在他们没有假可请的情况下，仍问他们想不想度一个令人惊喜的假期。接着，你可以询问他们有没有时间听你说你艰难的成长故事——于是当你开始说自己的故事时，可能会瞧见他们那些代表同情的摇头动作，而这些本体感受到的信号，将会反馈到他们的大脑，强化他们的同情反应。

这就是很特别的反直觉实验（counter-intuitive experiment）之一。顾名思义，反直觉就是：你怎么会用这种直接的方式操控肢体动作，来得到统计上可信赖的结果？这个研究的局限（研究人员也知道）在于，里头少了一个中性对照组（neutral control group）来与这两种情境互做比较。所以我们只知道这两种情境各不相同，但不知道如果拿它们分别来和缺席的对照组做比较，差异性会有多大。

提示

●人多少会靠自己所传达的非言语信号来判断自己的心理状态。

●如果我们是边点头边听具有说服力的讯息（因为被要求这么做），就会觉得这个讯息更有说服力。

●如果我们是边摇头边听悲伤的故事（因为被要求这么做），就会更同情这个故事和讲故事的人。

●要引起别人和你更多的共鸣就得从对方的非言语反应下手，想办法让他们摇头。

如何阻止自己的脑袋发怒

我年轻时，脾气难免不好。那是一种挫败式的愤怒情绪，总觉得别人老是搞不懂我有要紧的事得做，或是他们怎么就是看不出来，我的压力很大。我会突然发飙，大声咆哮，直到狂乱的情绪平息下来……这时，我母亲会说："又来了，又在发神经了！"她的批评对我没有帮助，而且不知道为什么，只会让我感觉更糟——我就是有种说不出来的沮丧。然而，等到火气消了之后，就会觉得自己好蠢。

心理学可以教你如何在某些情况下，防止这种事的发生。当你接收到负面响应或听见坏消息时，若要阻止自己的脑袋发怒（要是这时候你还不知道要怎么做才能改变你对愤怒的下意识态度），一定要先让自己躺下来。理由如下：

得克萨斯州 A&M 大学的艾迪·哈尔门-琼斯（Eddie Harmon-Jones）和卡利·彼德森（Carly Peterson）曾研究过，当你置身在会诱发愤怒的环境时，可以借由身体姿势的改变来左右你的中枢反应。他们做这个研究的原因是，他们观察到在人生气的时候，脑内某些部位的活动量会增加。很特别的一点是，生气时，左脑前额叶皮质会比右脑前额叶皮质有更多的活化反应，尤其是在那种令人气到可能出现肢体动作的情况下。不过他们要问的问题是，身体姿势如何影响这个过程？因为研究者已经从其他研究得知，肢体动作的确会影响到情绪机制和其他内在体验，所以在这项实验里，实验对象被要求写一篇文章交给一名裁判评鉴，研究者还在实验对象的头皮上装上感应器，以测量大脑的电流活动。有一半的实验对象是以坐直的姿势到评鉴结果，另一半则是躺在椅子上。评鉴结果是固定的，一半的人会收到好的评鉴结果，一半的人收到不好的。此外，内容不只评鉴他们写的文章，也评鉴他们的个性（这对很多人来说尤其不好受）。

结果研究人员发现，坐直身子拿到负面评鉴的人，他们的左脑前额叶皮质的活动程度高于躺在椅子上接到负面评鉴的人。换言之，当实验对象以躺姿收到负面评鉴时，和愤怒有关联的神经或大脑的活动减弱了。当他们呈躺姿时，实际的心情也有点低落，不过这一点还不够可靠。

我们站立时，大脑会比躺卧时更容易上火。所以同理可循，如果你想让自己不太生气，那么在接到一些早料到会让自己生气的消息时，一定要躺卧下来。

然而，我觉得这个研究的最大问题是，心情状态和神经反应并不一致，以至于实验对象汇报的心情状态无法与大脑活动模式的变化联结起来。研究人员也无法解释这一点。因此目前看来，我们只找得到一半的答案：若想阻止你的脑袋发怒，就要记得在收到消息时，一定要保持躺姿；但若想阻止你的内我（inner self）乱发脾气，则仍需要更进一步的研究。

提示

●和右脑前额叶皮质比起来，左脑前额叶皮质的剧烈活动和愤怒更有关联。不过只要你躺下来接收那则令你愤怒的消息，就能降低脑中的这类活动。

●要阻止自己的脑袋发怒，一定要用躺姿来接收你料定会惹自己生气的讯息。

如何化瞬间为永恒

如果你想化瞬间为永恒，一定要打破已成惯性的平日生活，每天都做点新鲜事。无聊的例行作业好像总是把时间拖得很长，但是当你回顾那段一成不变的日子时，值得回忆的部分却少之又少。要是你的日子可以用非惯性的活动来打散，每件事都需要你先筹划和思索一番，那么当你回头看时，那些时光似乎就被拉长了。这也是为什么有很多人说，随着年纪渐长，时间好像愈过愈短，那是因为他们后半生大多已经过得公式化了；回头去看平日生活里的那些公式化活动，似乎就影响了他们对时间的认知；即便是假日，过完前面几天后，还是会落入惯性里，总觉得假期的头几天比最后几天过得慢一点。等到假期快要结束时，因为有很多事情已经惯性化了，时间好像变得飞快。所以如果你想化瞬间为永恒，就得不计代价地避开公式化的习惯。

我们对时间推移的感受，不只会受到时间本身的实际长度影响，也会受到若干心理因素的影响。一百多年来，有关这方面的解释不少。一八九零年，心理学家威廉·詹姆士写下这段话："时间长度似乎随着我们年纪的渐长而变短……年轻时，好像二十四小时都能带给我们崭新的体验，不管主观或客观。我们的理解力强、记性好，对那时候的记忆就像是去参加一场匆忙有趣的旅行一样应接不暇、千变万化，时间被拉得好长。但年复一年，这个体验里的某些部分在我们毫无察觉的情况下，被转化成习惯成自然的例行公事。日子一天天被消磨成记忆里的空白单位，随着年岁变得渐渐空洞与崩落。"

耶路撒冷希伯来大学（Hebrew University of Jerusalem）的迪纳·艾文尼-巴贝（Dinah Avni-Babad）和伊拉娜·李多夫（Ilana Ritov）想了解"惯性化的例行公事如何影响时间认知（perception of time）"，于是开始研究上述说法。他们找人分头参与惯性活动和非惯性活动，一开始先以实验方法进行，然后再展开实地调查。在实验里，他们把几个名字按不同的时间间隔排在一起录制，再要求实验对象估算录制时间的长度。其中，一个实验情境以很平均、规律的方式来播放这些名字，另一个情境则以不规律方式播放。结果发现，当录音带规律地切割这些名字时，实验对象对时间长度的认知就会比另一种播放方式来得短，换言之，规律模式会造成估算的时间长度缩短。

从很多方面来看，这都是一个很怪的结论，因为我们有时会抱怨，规律的例行工作好像总是永无止境。然而，心理学家在这里调查的是人们对时间长度（duration）的记忆。此外，研究人员也利用各种实地调查来深入探究这个现象，包括调查人们在假期里对时间的认知。他们预言，假期一开始的那几天，我们对时间长度的认知感受应该是最长的（因为那时候还没落入规律的惯性生活里，而且它代表的是先前的日子告一段落），可是一旦假期里的惯性生活被建立起来，对时间长度的感受就会变短，人们就会觉得时间飞快，假期马上就要结束——这也是研究人员最终得出的结果。他们解释道，这是因为规律的例行活动无须原创思考，但非规律的活动则需要，而且就因为需要更多的心智活动，我们对时间长度的估算才会变长。

所以如果你想化瞬间为永恒，秘诀就在于走出惯性，做点需要思考和规划的新鲜事。这会大大影响你对时间的认知。

提示

● 生活里的惯性程度会影响我们对时间的认知。
● 回顾过往，模式相同的日子总是过得特别快。
● 想化瞬间为永恒，就得每天做点新鲜事。

如何在五秒钟内让人开心起来

想象你的另一半在某件事情上遇到了挫折，譬如面试结果令他们心情低落。这时，你要怎么做才能让他们的心情好起来？遇到负面事件时，如何做出心理学家口中所谓的"归因"（或称暂时性解释），将能决定我们的快乐程度。假设你的另一半认为，这场面试进行得很不顺利是因为：

一、内化特性（internal characteristics）："都是我不好！"

二、稳定化特性（stable characteristics）："我总是不够聪明！"

三、全面化特性（global characteristics）："有好多事情我都不擅长！"

他们就会特别难过。这时候，最有效的响应方式是质疑这些基本的自发性假设，譬如你可以说："不管是谁碰到这种面试团队，都不可能有好的表现。大家都知道他们喜欢把面试气氛搞得很吓人！"你必须说得非常具有说服力。这种归因方式基本上和你的另一半完全相反，但或许可以帮他们稍微改变自己的想法。

●人们会因为一些惯性的思考方式而害得自己心情低落。

●只要质疑他们对生活挫折的解释方式，就能令他们的心情好过许多。

●当他们说："我考试考砸了，我真笨！"你要说："不，你不笨，那个题目真的很难！"

●反复地说，直到他们相信你说的是真的时，他们就会开窍了。

Get the Edge:
How Simple Changes
Will Transform Your Life

你的人生，
只是缺少心理学

第四章

自我振作／别自怨自艾

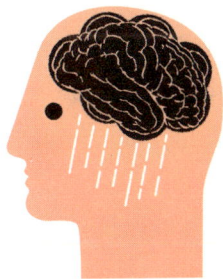

"人生难免起落，我们的心情却比我们的时运更常起起落落。"

《日记》（*Journal*，一九零五年一月），作者：朱尔斯·勒纳尔（Jules Renard）

如何修补破碎的心

要修补破碎的心，最好的方法就是不要沉溺在悲伤的情绪里（事实上应该说**绝对**不要沉溺在悲伤的情绪里），也最好不要消极地等待着悲伤自动消失。你可以把它写下来，然后专注在别的事情上，这样反而比较好。连续三天，每天花二十分钟时间写出你的情绪，以及这段感情对你的意义，换言之：

第一天：写下分手前的感情状况。

第二天：写下快分手时的感情状况。

第三天：写下分手后这段感情对你的意义，还有你对整件事的感受。

用这种方式写下你的感想，等于让自己暴露在痛苦的思绪里（有时甚至非常痛），进而把这些痛苦思绪所造成的影响逐步降低（这其实是一种系统的脱敏方法〔desensitization〕）。此外，为了处理这些思绪，你势必得通过语言来厘清和理解它们。如果你能好好利用这种技巧，便会在心理上和生理上变得更强壮。

在这方面，科学性推理就很有效。心碎的时候，最难的就是开口讨论这段感情（尤其是对你的朋友开口，因为他们或许和你们双方都很熟），但问题就在于那时候的你，脑袋里充斥着各种思绪与情绪，硬是没办法将"分手"二字抛在脑后；你清醒时，脑袋里的思绪没有停过（而且常常很不完整），更别提专心在别的事情上。那么，要怎么从心理学的角度去修补破碎的心？其中一个被验证有效的方法是，把这段感情的始末写下来。这种方法有时候又被称为"非社会的运动神经表达方式"（non-social motor expression），因为它不是利用语言去和另一个人沟通，而是把你那些悬而未决的情绪与思绪系统地表达出来。过去二十年来，已经有相当多的证据显示，让人们写下自己私密的内在想法和感触，对身心都很有益。

研究证实，书写自有它的好处。因为你可以为往事赋予意义，从而更了解它、更容易将它消化与吸收。当你将它写在纸上时，等于是从新的角度切入，以新的观点去审视往日种种情绪。哥伦比亚大学的史蒂芬·李波（Stephen Lepore）和美拉妮·葛林博格（Melanie Greenberg）曾要人写下自己的分手经历，再研究这种做法对身心健康的影响。他们使用标准的潘尼贝克步骤（Pennebaker procedure），也就是说，实验对象被要求连续三天、每天花二十分钟在一间安静隐秘的房间里写文章。之所以要求连续写三天，是因为这可以让一些想法慢慢成形。套句李波和葛林博格说的话，实验对象被要求"写下你们对这段感情的想法与感触。当你们还在一起时，这段感情对你的生活有什么影响？或者它对你现在的生活有什么影响？你得通过笔把最深沉的情绪挖出来"。研究人员想协助实验对象厘清分手的经历，因此要求他们在实验的第一天专注在写分手前的感情如何上，第二天则强调写即将分手时的感情如何，第三天则把注意力放在写分手后的荡漾余波上，另外还要求对照组笼统地写下他们的感情关系。李波和葛林博格会从几个方面去评量实验对象的身心健康。他们利用一种所谓的"上呼吸道系统量表"，衡量他们生理上的病痛症状。在这个量表里，实验对象必须衡量自己这一礼拜来各种症状的严重程度，譬如喉咙痛、打喷嚏，此外，也要衡量心理上的情绪，包括沮丧、紧张、愤怒与疲累的程度，还有因分手而出现侵入性思绪（intrusive thoughts）的频率高低。研究人员也测量了实验者对前任伴侣的感受，包括他们是否还在乎前任伴侣？是否很气或很恨前任伴侣？是否对这次的分手有罪恶感？

李波和葛林博格发现，要求实验对象写下分手经历，可以帮助他们抵御生理上的疾病。那些内容写得比较笼统的对照组，较容易有呼吸系统的毛病，而且会有长年紧张和疲劳的问题。据反馈，写下分手经历的实验对象上呼吸道的毛病没有增加，也没有出现过度紧张或疲累的问题。再者，要求人们写下分手经历，意味着他们对前任伴侣较无怨恨，对分手这件事较无罪恶感，较少为侵入性思绪所苦，也较少出现逃避的行为。此外，实验对象也比对照组更有可能与前任伴侣重修旧好。

为什么把分手经历写出来会有帮助？这似乎会让你经历几种不同的过程。第一个过程和"习惯性"（habituation）有关。这种写作行为，等于是让当事人反复接触那些痛苦的回忆，不让他们将这些回忆尘封在心底深处，是一种"暴露疗法"（exposure therapy），能让负面情绪慢慢递减。此外，写出伤心往事及当事人对此事的最深感触，可以让他们在情绪上做自己的主人——挖掘出心里所有的想法，并且将其做出条理分明的叙述，如此一来，就不会再像一连串故事中的受害者一样了。当然，这样的写作方式也等于强迫你退后一步，以更宽广的心去重新评估整起事件，并从新的角度去看那件往事。这不但会让你心理上有所变化，也会直接影响基本的生理状态（毕竟实验组的生理病痛比较少）。套句研究者的话，这些心理功能的改变"可能会直接抑制因认知处理不全而引发的神经内分泌反应，进而缩短生理上的压力反应以及免疫功能的连带变化，而免疫功能对传染性疾病的罹患是有影响的"。

总之，如果你自己做了这个实验，恐怕事后不会有心情愉快，或是特别高兴的感觉，但只要把自己持续暴露在这些痛苦的思绪里，便能逐步减缓它们对你的伤害。此外，你将试着还原和厘清事情的原貌，从别的角度重新审视问题。

然而，把文字书写当作一种心理调节技巧以克服负面情绪的这套概念，其实是层出不穷的，但其中的机制往往被认为很普通（不过就是惯性、终止与重新评估）。倘若能详细分析人们书写的内容（假设这个方法给了他们很大的自由书写空间），并了解各种实际陈述是如何影响他们的身心复原状况的，应该会很有趣。曾有人试着利用计算机来分析这些书写内容（包括语言探究和字数计算，后面会对此有更详尽的说明），但却很少去详细分析故事内容，看看里头到底是什么东西促成了改变，如果能够分析出来，或许可以提供更多的指导方向——尽管如此，好消息是，不管写的细节是什么，至少这个看似普通的方法的确有它的功效，很值得大家一试。

提示

●要修补破碎的心，就得先处理掉那些令人痛苦的侵入性思绪。

●连续三天写下分手经验。

●这样一来，你等于在做两件事：把自己暴露在负面的思绪里（等于为自己做脱敏的工作），以及通过语言来厘清和理解当时的事。

如何化解别人对你外貌的批评

就像多数人一样，我讨厌别人批评我的外貌；每次一谈到我的外表或评论我的外貌，我就很敏感。几年前，在爱尔兰西南部金塞尔（Kinsale）的一场颁奖典礼上，我盛装打扮，穿上我最喜欢的晚宴服，出席了正式晚宴。我喜欢我盛装打扮的样子，所以当时很期待别人的赞美。我去接我的女伴，准备晚上相偕入场。然而到了碰面的那一刻，她竟开始上下打量我，最后大笑出声。"你简直像透了美国老牌嘻哈歌手汉默（MC Hammer）嘛！"她说道。她只讲了这句，但这一句就够了。在为时不短的沉默里，她竟然还继续捂嘴窃笑，不时偷瞄我受不受得了。"这你不能碰！（You can't touch this，译注：汉默有首歌叫 *You Can't Touch This*，所以这里有嘲笑意味）"她害我苦恼了几秒钟之后，竟然又多加了这一句。很显然是这条裤子上面太宽、下面太窄，才穿到一半的缘故。后来的几分钟，我只穿着衬衫坐在那里，把裤子丢在旁边地板上，心里纳闷要穿什么或要说什么才好。我的情绪无法平复，于是开始想办法侮辱女伴——我说她的服装根本不及格，看起来有点"廉价"！但她告诉我，我之所以这么说，想必是因为很没有安全感。她一眼就看穿了我的动机。整个晚餐时段，我们皆不发一语地坐在那里，我甚至拒绝去洗手间，生怕有人突然大喊："汉默秀要开始了！"

研究显示，如果有人批评你的外貌，即便他们的话害你受伤，你都不该试着反击。如果你反击，也只是情绪化的反应（因为你受伤了），而且这种强烈的情绪反应只是向自己证明，那些批评不无道理。除此之外，你的反击只会害你和对方的关系更恶化，而不会让你的心里比较好过（虽然也有例外）。要化解负面批评，最好的方法是接受批评（别理它就行了）。譬如，你的另一半说你头发很乱，你只要说："嘿，等我有空我就会去整理。但我今天很忙，我有很多事情要做，不过我很高兴你注意到我头发乱了。"这表示你已经注意到这一点。另外，千万别说："亲爱的，我的头发没你乱吧？你去买面镜子自己照照！"第一种响应会让你心里好过，但第二种响应只可能让你更不好过。

那么，若想让自己事后心里好过一点，有什么较好的方法，可以化解别人对你外貌的批评呢？台湾大学（National Taiwan University）的陆洛及其同事考虑了各种可用来响应这类负面批评的方法，并把它们分成三大类：第一类称为"接受"。他们说，这个方法带点解决问题和肯定对方的元素在里头。根据研究人员的说法，接受的意思有点像是"自我改进，以符合对方的期许""谢谢对方指出我的缺失"，还有"以感恩的心情，欢喜接受对方的批评"（换言之，就是表现得像圣人一样）；第二类反应称为"反击"，强调的是情绪和言语的攻击，譬如"告诉对方他／她也好不到哪里去"或"嘲笑对方的缺点"；第三类反应称为"回避"，它主要强调的是情绪和以和为贵，譬如"把它当笑话，一笑置之"或"找个借口离开现场"。但问题是，这些方法到底能多有效地帮你化解别人对你外貌的批评？它们又会如何影响你当下的感受？

回应	行为
接受	自我改进，以符合对方的期望。 谢谢对方指正我的缺失。 以感恩的心情，欢喜地接受批评。
反击	告诉对方他/她也好不到哪里去。 嘲笑对方的缺点。
回避	把它当笑话，一笑置之。 找个借口离开现场。

研究人员的分析结果显示，最好的方法不是"接受"就是"回避"，因为这两者都会让被批评者事后心里好过一点。反击看起来好像是最诱人的选项（"老兄，你到底有没有照过镜子？""你觉得我肥，你自己也好不到哪里去吧？"或者"如果你不介意我这么说的话，我认为你只是在'龟笑鳖无尾'！"），但对实验对象来说，却会造成更负面的情绪（亦即更沮丧、焦虑和羞愧）。研究人员的结论是："如果批评本身并非无的放矢，而当事人也愿意坦然面对自己的缺失，这就会是面对批评时一个很具建设性的正面反应，而且能有效挡住这里头所产生的人际互动张力。若能诚心回以感激之意，甚至可以增进你和对立者之间的关系。"不过问题在于你想不想和批评你外貌的人建立关系。根据这项研究，你最不应该做的是"反击"，理由不见得是你不想害对方情绪低落，而是你不想让自己的情绪更低落。因为反击到最后，并不会让你的心里更好过，所以最好避免用这样的方式回击。

　　这个研究的争议在于，它只针对华人来分析。而在华人文化里，人与人之间向来以和为贵，但如果是像西方文化这种比较注重个人的社会，也会得出同样的结论吗？我们需要靠新的研究来找到答案。这个研究的另一个争议在于，它只根据人们的自述来做研究，但这些人都只靠自己想象，当他们遇到批评时会有什么情绪反应，以及他们是否会利用那三种方法之一去做响应。若能要求他们每日记录自己外貌受到批评时的实际反应，并精确描述当时的情绪，或许可以让我们更深入地观察当人们的外貌受到批评以及当他们拿出自认为最好的方法来响应时，心里真正的感受是什么。

如何克服羞愧

有些人常抱着羞愧和内疚的心理。根据一些临床心理学家的说法，如果你想克服愧疚心理，就必须先学会不要太苛求自己，并且要更有效地消除疑虑和安慰自己。当你开始觉得心里羞愧时，先想出一个正面的心象（mental image），将它放在脑海里，再想想看你对别人有过的关怀行为——这样一来，每当你感到羞愧时，就会回想你关怀别人时的那种心理感受。这种简单的意想技巧会降低你想自我检讨的念头，以及羞愧带来的自卑感，你会记起你曾经做过的好事，把它们和强而有力的正面心象联结在一起，借此克服负面的羞愧感。

羞愧是很多人都曾有过的体验，根据英国金士威医院（Kingsway Hospital）心理健康研究中心（Mental Health Research Unit）的保罗·吉尔柏（Paul Gilbert）和苏·普罗特（Sue Proctor）的说法，羞愧容易让人的心理健康出现问题，甚至害当事人不知如何向治疗师启齿。说白了，就是他们羞愧到不想探究自己的心理问题。

根据吉尔柏和普罗特的说法，羞愧有两大构成要素，分别是：**对外的羞愧**（总觉得别人对你不爽或鄙视你）与**对内的羞愧**（过度的自我检讨）。

人在觉得羞愧时，这两种东西会一起出现，于是当事人会觉得全世界都与他作对，对自己也愈来愈吹毛求疵、愈来愈不友善，这种心理影响层面很广。套句吉尔柏和普罗特的话："这种威胁会让自己觉得被压垮了、轻易碎掉、运作停止——不管是自我的内在或外在，都没有一个安全的避风港可以帮忙抚慰和镇定自我。"

羞愧的另一个问题是，这念头怎么样都甩不掉——不但满脑子是它，而且会好几小时或好几天都反复地想着它。吉尔柏和普罗特说，羞愧有"黏性"，很难摆脱。

那么该怎么办呢？有人使用认知行为疗法（cognitive behavior therapy，CBT）试图克服羞愧，而其中一个CBT疗法会要求当事人试着找出替代性想法，这种想法必须有别于平常的自我检讨。但问题是，虽然这些饱受羞愧之苦的人可以听从指示去找到替代性想法，但他们不见得认为这些替代性想法能令他们安心，里头就好像少了什么东西似的，冰冷的逻辑似乎仍不足以帮助这些人。因此，可能得教会他们使用另一种感性多于冰冷逻辑的响应方式，才能达到自我安慰的目的。

吉尔柏和普罗特在人的身上区分出两种不同的正向情绪系统：其中一种会沿着"达成目标"和"期待看见达成目标之后的报酬"这个轨道运行，而这套系统关系到神经传送素多巴胺（dopamine），且根据作者的说法，它属于一种主动觉醒的系统（active arousing system）；第二个系统则和亲情及爱心有关，它关系到摸和握的动作、温暖的语调和正向的面部表情，也关系到像催产素（oxcytocin）这类神经激素及内源性阿片样肽（endogenous opiates）。第二个系统自小就在你脑袋里形成，那时候父母是照顾者，负责保护和安慰孩子。吉尔柏和普罗特认为，如果这方面没有好的经历，这套系统便无法完善地发展，这或许可以解释，为什么有些人对自我检讨和羞愧特别敏感。孩子在亲密关系上若缺少必要的安全感，最后就会处处听别人的，眼里只看见对自己有威胁的人，套句作者的话："在那种环境中长大，他们会变得很注重社会阶级，尤其是有力量控制、伤害或否定他们的人。"研究人员也说，过度的自我检讨基本上也和缺乏安全感有关，解决这个问题的办法是，训练这些人改用自我安慰和自我肯定的方法，他们的理由是："有些人从来没有机会去开发这方面的能力，他们没有去了解苦恼的来源，在充满挫折和失望的环境里不懂得善待和安慰自己，反而是把注意力全放在（内外）威胁上头，非常敏感。于是当挫折、失败或冲突出现时，就会因为这种以自我为中心和自我攻击的习惯，立刻在心里认定别人都是以敌视的态度在否定他们。（鲍德温，Baldwin）"

研究人员展开调查，想要了解能否教会人们自我安慰，能否教会他们在自觉受到威胁时，由内产生"悲悯心"，还有能否训练他们在心里进行不同以往的感性对话。他们的检测方式是，要求人们先在脑海里创造出一种温情的鲜活心象，"想象或回想自己的悲悯情怀正流向他人（想象你正用你的温情在悲悯一个孩子或某个你很关心的人）"。此外，他们也使用另一种形式的想象作为辅助工具，也就是实验对象得学会在必要时在心里勾勒出一幅悲悯的影像（可能是一种让人感到温暖和宽心的东西，譬如一棵树、一片海或某种动物）。等他们脑海里有了这幅影像，并感受到悲悯情绪是怎么回事时，就得学会每次羞愧一上身，便自行在心中生成这幅影像，然后用更超然的态度去检视自己的想法。通过这种基本技巧的运用，研究人员发现，实验对象自我检讨念头的出现频率减少了，这些念头的影响力开始减弱，不会再伺机潜入脑袋；另一方面，为自己着想（self-serving）的念头也"愈来愈强烈"和"愈来愈容易感受到"；此外，自卑感也降低了，这些实验对象变得愈来愈有自信。

这是一个解决陈年老问题的新方法，它超越了一般的认知疗法，把感情和温情带进被引导的自我对话里。它要求你下次觉得羞愧和自我厌恶时，就在心里勾勒出一个正面的心象，然后想象它正释放出温暖，一种你能领会和肯定的温暖，而你本身就有能力释放出。它不是算术式的替换，要你拿一个想法去换掉另一个想法，而是试着为它勾勒出一种完全不同的感性环境，借此改变思绪里的情绪平衡。它的概念是，尽管有些人是通过正常的发育过程自然而然地发展出这些方法，但有些人并不然（可是错根本不在他们）。有些人学会了如何用自己的办法去处理平日遇到的问题，他们会先自我安慰，不会立刻跳进自我检讨的阶段。吉尔柏和普罗特的研究暗示了我们都能学会新的方法。

这是一个有趣的临床研究，它把一些基础神经生理学引进心理治疗里，最后成果看起来大有可为，但它的局限在于样本范围有限，只有九位实验对象（其中三位半途退出）。这种新的治疗法也许无法对每个人都有效，但至少它有一些表面效度（face validity）。

说到这里也许你会感到意外，竟然有人会用最不理性的方式批评自己，然而吉尔柏和普罗特要我们做的是，想出一些自我调适的话语、思想和影像，并且在必要时在脑袋里勾勒出它们——如此一来，只要靠几个简单的步骤，就能让自己更好过了！

提示

●很多人会用羞愧来惩罚自我。
●学会调适和自我安慰，每当觉得羞愧上身时，就在脑袋里制造出一个强而有力的正面心象。

如何对抗孤单

如果你真的很沮丧很孤单，觉得没有好朋友支持你，就可以刻意想件往事——那件让你怀念的往事。当你遥想过往时，出现的不只是一连串的正面情绪，也会有负面情绪，但是它会关键性地提醒你过去的人际关系，使你更懂得体谅现在身边的人及这个世界。此举有助扭转孤单的感觉，让你想起以前和别人曾有过的美好时光，也鼓励你好好思索这段可以再度拥有的关系。

孤单是一种很难受的负面情绪，它的特征是普遍不快乐、悲观，而且使人自责。一般治疗孤单的方法（而且是公认的方法）都是鼓励人拓展社交关系，然而，你能不能靠自己战胜孤单呢？这是中国中山大学（Sun Yat-Sen University）周欣悦及其同事提出的问题。这个研究小组十分认同南安普敦大学（University of Southampton）提姆·韦书特（Tim Wildschut）的研究成果，后者提出怀念过往（nostalgic）可以帮助重建当事人与他人之间那种象征意义大过实质的关系。韦书特和他同事要求实验对象先想一件令人怀念的事，然后写下来，再要求另一批人想一件很平常的事，然后也写下来。结果发现，被要求写下念旧往事的实验对象比较容易感觉得到，他们与别人在关系上的紧密相连，而且比较牢固。

因此周欣悦和他的同事进一步推衍这个概念，建议我们或许可以回想往事，借此抵消孤单的感觉。于是他们延续前面的实验，要求实验对象"回想让人一生怀念的往事，尤其要试着去想一件最令人怀念的往事"。结果他们发现，以这种方式诱发实验对象回想往事，可以让他们感受到更多的社会支持，譬如会出现"遇到问题时，我可以找朋友帮忙"这类反应。此外，他们也发现，要求实验对象回想往事，他们就会列举出许多朋友（而且都是若有事相求，则一定相挺的朋友）。换言之，只是要求人们怀念过往，便能增加他们与周遭世界的联结感。这也让他们想起本来就有的社会关系（social bonds），让他们对自己的朋友及朋友的可能相挺更具信心。

当你感觉孤单时，你会觉得被孤立，缺乏社会支持，不太认同朋友在你生命中的角色、意义。因此，研究人员建议，怀念往事或许是对付孤单的另类而有效的对策，换言之，就是自觉地、刻意地让自己产生怀旧的念头。套句研究人员的话："陈年往事若能被适当驾驭，则可以强化一个人在心理上对人生浮沉的耐受力。"

这是个有趣的研究成果，因为我们一般都认为，要克服孤单就得多和人接触，但这个研究建议，有些事情是可以同时做的。我们可以让自己怀念往事——这不会让我们觉得更孤单，反而相反。不过有些令人怀念的往事，还是尽可能避免会比较好，但这个研究并没有让我们去探究哪些往事最好不要去想。这个研究以中国的大学生和工厂作业员为样本，研究人员认为，他们的研究结果具有普世性。孤单的问题存在于各种文化里，而夹杂着正面与负面情绪的怀旧念头，似乎也是种普世现象，有可能成为克服孤单的解药。

我的母亲晚年时饱受孤单之苦。当时我已经在英格兰成家，有自己的妻小得照顾，而她一个人留在贝尔法斯特。她的姊妹淘不是搬走了，就是结婚了。"我再也没有好朋友可以一起出去了。"她会这么说。她很念旧，喜欢聊以前的事，不时提到我和哥哥比尔小时候的事，借此抵御这种可怕的疏离感。她总是说，她最希望我们能再聚首。"我记得有一天晚上去高镇（Hightown），你父亲、你、还有比尔都在车上，虽然当时天色很暗，我很害怕，但那时我心里想，我们全家都在一起，就算我们走岔路出意外死了，也还是在一起，然后我就发现我不害怕了。"这是她经常想起的往事，而且常把它挂在嘴上。这种绝望的想法在我看来有点可怕，但似乎对她有点帮助，不过我还是希望她能试着去想别的往事。

但好处是，她从来不隐瞒自己对疏离感的真正感受，甚至完全反其道而行，只要有谁愿意听她说话，她就会告诉对方她有多孤单。二十世纪九十年代，她曾陪我参加毕克斯文学奖（Biggs Literary Prize）的颁奖典礼，当时我的书《我们这些人：厄斯特新教徒的心灵之旅》（直译名，*We are the People：Journeys through the Heart of Protestant Ulster*）也在候选名单里。贝尔法斯特的名流和大人物全聚集在市中心一家豪华银行里，电视摄影机的强光在现场不断闪烁。伊瓦特家族（Ewart）那晚也出席了盛会。我母亲一辈子都在伊瓦特家族的亚麻布工厂工作，所以这场盛会对她来说别具意义。"我们今晚会和大人物一起出席，对吧？"她说道。这个奖是为了纪念爱尔兰的英国大使克里斯托弗·伊瓦特－毕克斯（Christopher Ewart-Biggs），他在一九七六年被爱尔兰共和军杀害身亡。当时，身穿浆白色制服、面带微笑的女服务生不断拿托盘送酒过来，我母亲则一概来者不拒。"你根本不必去吧台拿酒，她们会自动送上来。"她说道，并且站着和布莱恩·金纳（Brian Keenan）聊天，后者也是这个奖的候选人。他告诉我母亲他的书和他的人生，还有他在贝鲁特被什叶派民兵抓去囚禁了四年半的那段人质岁月。

曾被关在贝鲁特好几年的布莱恩，自从放出来之后说话就变得很小声，而我母亲一直对他说："大声点，布莱恩，我几乎听不见你的声音。看在老天的分上，说大声点，你现在不必那么小声说话了！"布莱恩那本令人叹为观止的《罪恶的发源》（*An Evil Cradling*）最后获奖，他被大会请上台领奖时，还温柔地亲吻我母亲的面颊。"这是他应得的！"当掌声渐歇时，她这样对我说，"这么多年来，他一直被单独关在阴暗的牢房里，我真不敢相信。他们关他做什么啊？可是我对他说，别难过，布莱恩，我知道那种感觉——我也从来没出去过，我们两人都知道每天晚上被关在屋里，哪里也不能去的感觉是什么样的。"

布莱恩手里拿着支票回到座位上时，还拥抱了我母亲，脸上带着腼腆的笑容。"你还开车吗，布莱恩？"我母亲问道，"被关了这么多年，你的开车技术应该没有退化吧？记得哦，如果你到北贝尔法斯特来，又刚好开车，随时可以载我出去喝一杯。毕竟你我都知道，夜复一夜地待在屋里瞪着四面墙壁的感觉是怎样的，你一定要出去走走。"

我想后来布莱恩并没有真的依言开车到这么北边的贝尔法斯特来，要是他真的来了，我相信他一定会被我母亲絮絮叨叨的回忆淹没。而我也相信这会令她觉得好过点，至少能帮助她暂时摆脱孤单和疏离的感觉。

> **提示**
>
> ●让自己缅怀过往，借此克服孤单的感觉。
> ●怀旧的思绪会让你想起你以前有的社会关系，让你现在的处境好过一点。

如何宽恕和遗忘

如果你想原谅以前得罪你的人，最好的方法是拿一张白纸，写下当时的经过，把重点摆在正向层面上。尤其要写下这件事对你后来的帮助：

你的人生因为它而变得更美好了吗？

你因为它而更认识自己和这个世界了吗？

你因为它而变得更懂得表达自我的感受了吗？

它给了你新的人生体验吗？

你发掘到一些以前不知道的长处吗？

你变得更有同情心了吗？

你学会了据理力争吗？

你学会了该从另一半身上寻找什么吗？

写这些东西的秘诀是，心里必须真正放下、诚实面对，但不要只强调事件本身，也要强调这件事对你生活的正面影响。研究显示，这种专注于正面成效的方法，可以让你以客观的态度去透析这件事的始末，使你更容易原谅对方。让自己原谅对方是因为我们都知道，如果耿耿于怀、不愿原谅，只会让你更容易沮丧和紧张。用这种方法写下往事，强调它所带给你的正面好处，**将会导正你的负面情绪，从而在某种程度上保护你，让你未来免受进一步伤害。**

我们难免都会伤到别人，但当你成为被伤害的那一方时，你往往很难释怀，譬如不贞这种事。举例来说，研究显示，如果你的另一半对你不忠，你罹患忧郁症的可能将比常人多出六倍（Cano and O'Leary）。当你成为受害者时，会有一系列的负面心理效应在你身上发酵：你会想避开那个人（如果此人是你的另一半，那会很难），你还会一直想复仇，恨意会令你愤怒，造成心血管负担，害你压力上身。除此之外，若你一心想复仇，不肯原谅对方，就会变得容易沮丧。因此，如何处理这种人际裂痕问题，就成了心理学上刻不容缓的事情，套句迈阿密大学的麦可·麦克洛夫（Michael McCullough）、林赛·路特（Lindsey Root）和亚当·柯汉（Adam Cohen）的话："帮人们调整对这类人际裂痕问题的反应，或许能协助他们有效改善人际关系，同时也增进他们的心理与生理健康。"研究人员对这个论点的检验方式是，去了解宽恕对心理造成的影响。宽恕是一种复杂又带点神秘的心理过程，在这个过程中，当事人会渐渐释怀，但最大的问题是：他们是怎么释怀的？还有，为什么能原谅对方？是不是有些人比较容易原谅别人，有些则不然？有没有方法可以让人变得比较容易释怀？

根据研究人员的说法，在宽恕里头有一个关键元素，那就是**受害者发现这件事对自己其实是有益的**，套句研究人员的话："这种人际裂痕问题常让受害者遭受损失（譬如失去信任、自尊、物质资源、生理或心理健康等等）。但若把焦点放在这个裂痕为受害者带来的好处（可能要到未来才能看出它的好处）上，就能抵消它所造成的部分心理损失，而且，这么做也等于鼓励宽恕。"研究人员在这里指的好处是，比如你突然领悟到自己的潜力，你发现你没有被这件事击垮，你对你的生命及生命里的其他东西（譬如小孩）有了更深的全新体悟，你和他人的关系改善了，或者你变得更有智慧了——因为也许从那时起，你开始懂得凡事靠自己，因此渐渐有了自信。研究人员也提出了泽克梅斯特和罗米洛（Zechmeister and Romero）在这方面的研究成果，后者曾要求实验对象写下自己充当受害者或加害者的过往经历，并告知那件事有没有获得宽恕。研究人员发现，没有宽恕对方的受害者，只有2%的人会写下这件事的正面好处，至于已经宽恕对方的受害者，则有21%的人会写出它的正面好处。

从这些结果来看，受害者的宽恕和自动看到正面好处两者间，似乎有着连带关系，但这种关系是以什么顺序构成的？你是因为看到这件事对你的正面影响，才原谅了对方吗？还是因为你原谅了对方，才看到它的正面好处？

更重要的一点是，你可以明确要求人们把焦点放在事件的正面影响上，进而促成宽恕吗？这是麦克洛夫和他的同事们抛出的问题，于是他们要求其中一组实验对象写下"以前熟人对你造成的伤害经历"，并把焦点必须放在事情的经过、他们的感受以及影响所及上；另一组实验对象则被要求写下类似遭遇，但这次的焦点是放在它的正面影响上，还有这个影响带给受害者的好处上。他们会利用一些说话技巧来点醒实验对象，譬如："经历过这件令你受伤的事之后，你的生活在哪方面反而有了改善？或者你在哪方面变得更强了？"研究人员通过对以下动机的衡量，评量宽恕的程度：**逃避加害人**（我就当他／她不存在，过我自己的日子）和**报复**（我会让他／她付出代价）。

他们也使用语言探究和字数计算程序（简称LIWC）来分析书写的内容。LIWC是一种计算机程序，可以把文字分成七十种文法、语音或心理类别。研究人员在这里着眼的是正面情绪、负面情绪，以及代表高度心智活动的字眼，后者是能找出可能的因果关系及具有洞悉性的字眼：

正面情绪字眼	负面情绪字眼	代表高度心智活动的字眼
快乐	恨	因为
漂亮	无用	应该
很好	伤心	也许

他们还创造出两种新类别，一个是和好处有关的字眼，另一个是和损失有关的字眼：

和好处有关的字眼	和损失有关的字眼
学会	蹂躏
复原	被侵犯
受到祝福	被背叛
受惠	不公平
更强壮	破碎

最终，研究人员发现，实验对象写下来的受害经验大多和男友或女友有关，而最常见的"人际裂痕"问题是：

. 伴侣的不忠（30%）

. 被朋友侮辱或泄露秘密（20%）

. 被家人排挤、忽略或侮辱（15%）

当实验对象写下这些伤害时，他们强调的往往是事件本身；对事件的看法（不敢相信、困惑、试图合理化或为这起事件找到正当理由）；他们的情绪（愤怒、痛苦、悲伤、震惊、受辱）；还有这起事件带来的身心反应（头晕、呕吐、睡眠问题），以及后续行为（侵犯行为）。研究人员发现，实验对象往往会继续描写其他负面效应（自尊的降低、外在形象的问题，甚至连对未来男女关系里的自我认知也起了变化）。但另一方面来说，如果实验对象被要求把重点放在可能的好处上，他们就不太会对事件本身描述得过于详细，反而会列出（因为被要求这么做）自己所认识到的好处。计算机程序证实了，如果他们强调的是伤害，就会有很高比例的字眼都和损失有关，但若是被要求必须强调好处，就会有很高比例的字眼都和好处有关。

这里的重点是，两种不同指示会对宽恕造成什么样的不同影响。结果很清楚：当人们写的内容着重的是好处时，就会大幅降低**逃避加害人**的量表分数，**复仇**的量表分数也会降低，换言之，当你明确要求实验对象写下这个伤害所带来的好处时，他们可能比较容易原谅对方，不逃避对方，也比较不会想复仇。实验对象想到的好处（根据研究人员的说法，他们都写得很快）有：

. "愈来愈坚强，或者自己发掘出未知的潜力"（55%）

. "变得有智慧"（44%）

. "从此展开新的人生"（29%）

. "巩固了其他关系"（26%）

. "变得比较懂得如何沟通情绪"（25%）

所以，这些研究人员的成果是，他们证明了当人们受到伤害后，可以借由要求他们把焦点放在事件带来的好处上，而让他们释怀。这些特地写下来的内容都有一个特点，那就是会出现较多的字眼暗示当事人的思维正活跃（可以找出因果关系的字眼、内省的字眼）。当人们被要求去看伤害所带来的正面影响时，他们就会用不同的角度去审视它，找出背后意涵。所以如果你想原谅曾经伤害你的人，只要想想这整件事可能带来的好处，想想它会怎么帮助你成长与改变，别再去想复仇的事。

这显然是个有趣且实用的研究，唯一受到局限的地方是，"逃避"和"复仇"这些评量都是采取自我表述的方式，而不是实际的行为观察。此外，这个研究也没有告诉我们，这种效果可以持续多久、是永久的还是暂时的。这种在负面事件上强调正面好处的方法，其改变的时效很短，还是可以更久一点？这份研究并没有告诉我们这个答案，不过，研究人员似乎都很清楚这种局限性的可能，因此未来几年也许会针对这问题找出答案。这个研究还有另一个盲点，那就是这里写到的人际裂痕问题，都是以学生族群为主，至于这个实验结果是否也适用在现实生活中其他比较严重的伤害上，譬如性骚扰、强奸，甚至是婚姻里的外遇（你和对方生活了一辈子，不是只有几个月而已），仍有待观察。

提示

●只要把焦点放在那次伤害所带来的正面好处上，就能学会宽恕和遗忘。

●经验的累积会让我们改变。试着反问自己，这个特别经历如何改变了你的人生？是否让你变得愈来愈好，变得更独立、更坚强，不再那么天真？

●写下这些改变，内容愈诚实、愈有想法，对你愈有好处。

如何让自己不会积怨成疾

如果你不想老是对别人心怀怨恨，就得学会用同理心（empathy）去看待加害者，宽恕对方，放下那些极度负面的情绪。

当人们被明确要求得好好思考是什么因素造成加害者出现那种行为，甚至要放下那种行为所带来的负面情绪时，就会对生理造成很大的影响。不管是心跳速度还是血压都会变低，皱眉情形则会较少，而皮肤电导率（skin conductance）也会跟着降低——这些都是交感神经系统运作良好的指针。

但如果这种人际裂痕带给你的是另一种反应，也就是当事人不断回想这件事所造成的伤害，一再回忆起痛苦的经历，似乎就会对生理造成反效果，形成无止境的压力反应，严重影响健康。因此，如果你不想积怨成疾，最好想想是什么因素造成加害者的这种行为，不要只把焦点放在行为本身，而是试着设想行为背后的原因。你若想原谅他们，就得试着从对方的角度去想。当然，这不是在宽恕行为或为这种行为找借口，而是要让你抛开那些极端的负面情绪。如果你可以发挥同理心，放下负面情绪，对情绪和生理来说都将有长远的好处。

受到伤害时，每个人反应都不同：有人会不断反刍那种伤痛，一再回想那段往事；有人会满怀怨恨，忘不了自己曾是另一个人的自私行为的受害者。这两种反应都是不肯原谅对方。但也有人会试图遗忘，试着放进同理心，努力想去理解对方当初为什么这么做。不过也有些人会试图原谅加害者，放下对加害者的负面情绪（诚如先前所见，可能是因为他们体悟到这件事本身所带来的正面好处）。

根据密歇根州荷兰霍普学院的夏绿蒂·维特弗利特及其同事的说法，这些不同的反应（积怨在心 VS. 宽恕等）都可能影响基本的生理机能及身心健康。他们的检测方法是要求一组实验对象想出一个特定的人，这人曾在某些方面虐待、攻击或伤害他们，然后他们得想象出四种宽恕和无法宽恕的反应（"反复回想那次伤害""积怨在心""培养同理心""宽恕以对"）。研究人员从头到尾测量实验对象的心跳速度和血压，还采用了面部行为评量法（利用这个作为指针，了解实验对象对于谈论内容的情绪反应）。此外，他们还测量皮肤电导率，评量交感神经系统的活动情况。当实验对象反复回想自己受到的伤害，或者想象自己有一肚子怨气时，都会陈述他们目前很激动，除此之外，还将变得更生气和更难过，不太能自我控制得住。就连面部表情也较常出现皱眉动作，皮肤电导率变得较快，心跳速度加快，血压也升高。这会严重影响健康，因为这种无法原谅对方的反应尤其会让愤怒燃烧下去，加剧觉醒反应（arousal response）和心血管反应。

这是第一个研究，目的是要探索我们在有意识的情况下，如果利用宽恕或不宽恕的方法来面对现实生活里的伤害，会产生什么心理效应。而结果告诉我们，试着了解加害者的观点和放下所有负面情绪可以保护我们，使得身心健康。

说到宽恕，比较令人讶异的一点是，有些人似乎比其他人更容易选择原谅。你应该听过有些人的家人被恐怖分子炸死，但他们却说可以原谅那些加害者——这种反应简直令人难以置信。而这个研究并没有告诉我们，为什么有些人就是比较容易原谅对方，但它告诉了我们，如果你明确要求人们以特定方式思考，便能对心情状态和心血管活动造成很大影响。无论我们是不是天生就容易宽恕别人，似乎都应该试着以更宽容的反应去面对伤害，因为不肯原谅的结果，就是到最后反而伤到我们自己。

提示

● 千万要记住，如果你能宽恕别人，你就能释放掉许多负面情绪。
● 原谅别人可以让你变得更健康和更强壮。
● 想想看他们当初为什么那么做。
● 试着从他们的观点去看，从他们的角度去了解当时发生的事。

如何不再受懊悔的折磨

很多人一生都在懊悔中度过："要是我再彻底地检查一遍，我就能通过那次考试，我的人生就成功了！"或者"要是那天晚上我没和朋友外出，我就不会惹上麻烦了！"他们总是这样说。有时懊悔似乎是种最难处理的情绪，可能严重影响日后的各种决定，譬如，很多人后来会刻意避免去试一些一不小心可能就失败的事情，因为他们担心日后有更大的遗憾和自我折磨。他们情愿不去试，以免再惨跌一次，又得不断懊悔。但证据显示，我们其实并不善于预测或预料若是自己差一点就成功，懊悔程度会有多深；还有，与成功的差距究竟要小到什么地步，才可能影响到我们对抱憾的预期程度（但非实际程度，至少在某些领域里是如此）。所以，别让预期懊悔的心理主宰你的人生、控制你的决定。如果有一个重要的工作任务在眼前，就放手去做，抛开害怕失败的念头，因为不管如何，这些念头并不能为你决定日后的真正感受。

对懊悔的恐惧是决策过程中的一个重要因素。心理学研究似乎证明了懊悔的可能发生及对懊悔的预期心理，两者都对人的决策过程有很大影响。当我们行事愚蠢、当我们听信了谗言、当我们差一点就成功时，事后都会出现懊悔。根据丹尼尔·卡纳曼和戴尔·米勒（Daniel Kahneman and Dale Miller）的说法，懊悔是一种反事实的情绪（counterfactual emotion），每当我们认定某负面事件是咎由自取，它就会出现。自责通常是懊悔的一大特征。如果我们是因为差那么一点点才失败（或差点就成功），一定会比我们本来就做得不好或我们失败得很彻底，更令我们抱憾。多数人都相信这种差距极小的未竟之功会让人更觉得自责。

根据哈佛大学的丹尼尔·T.吉尔柏（Daniel T. Gilbert）及其同人的说法，这些预期心理可能是错的。他们认为，有太多人让懊悔的预期心理主宰了自己的一生。吉尔柏说，其实人很会合理化负面结果，套句他的话，人们"恐怕比他们自以为了解的还要懂得怎么避开懊悔的情绪"。为了检测这一点，他设计了一套和价格竞猜节目（The Price is Right）很类似的实验，在那个节目里，人们必须按价格顺序设定超级市场的商品，然后找出哪一组商品最可能是正确的。但在实验里，最后结果一定是告知实验对象，他们选的那组商品是错的，只不过，其中一个情境是实验对象会被告知，另一组商品也是错的（塑造成败误差范围很大的情境）；至于另一个情境则是被告知另一组商品是对的（塑造成败误差范围很小的情境）。实验过后，实验对象被问到他们的懊悔和失望程度。除此之外，也被问到若告知的是另一种结果，他们觉得自己的懊悔和失望程度会有多少。结果令人惊讶的是，成败误差范围（很小的误差之于很大的误差）的确会影响他们对懊悔的预期心理，但不太能影响实际感受到的懊悔程度。换言之，它只会影响他们**自以为**会有的感受，但并不实际影响他们真正的感受。

在第二个实验里，吉尔柏和他的同事以马萨诸塞州剑桥地铁站中没赶上火车的人作为研究对象，请教他们感受如何（如果你问我的话，我必须说这个研究有点大胆）。通勤者不是被告知他们差一点就赶上火车，就是被告知差很多，根本不可能赶上火车。另外一群人则被问到，如果他们差一点就赶上火车或根本赶不上火车，自己觉得会有什么感受。研究人员得到的结果和先前的一模一样，成败误差范围只会影响对懊悔的预期心理，并不会影响实际体验到的懊悔程度。

所以研究人员的结论是，懊悔并不像它表面看起来那么糟。人们以为只差一点就成功会比彻底失败来得感觉更糟，但其实不然。成败误差范围的大小只会影响对懊悔的预期心理，但不会影响实际的懊悔程度。根据吉尔柏研究团队的说法，不能将这个现象等闲视之，因为很多人平常的时候都"喜欢从事下场或许很糟但至少不会令人抱憾的冒险行动，甚过下场不太可能很糟却会令人抱憾的冒险行动"。这种策略唯有在我们能精准预测自己的懊悔感受程度时才有效。但问题是，我们都不善于预测。

你的人生，
只是缺少心理学

108

这是一个有趣的研究，它告诉我们，人不是不了解自己，就是对某些情况下的情绪感受不像自己所想的那么精准。许多人的一生因懊悔而蒙上阴影："要是我做了这件事……要是我没做那件事……"这些阴影造成他们刻意避开某些做法。

说到这个研究可能的局限性，显见的有两个：第一个是，它所运用的情境，究竟足不足以产生那种真的可以让人停滞不前的懊悔心理？有人可能认为，只是决定"价格竞猜"里的商品清单或者差点赶不上火车这种小事，并不足以产生我们现实生活里会有的那种高度抱憾心理。第二个争议点是，实验对象选错商品才过了三分钟，或者才刚错过火车没多久，就被特地问到自己觉得有多懊悔。然而，懊悔是一种隐伏性情绪，神出鬼没地折磨着我们，它没有一定的间隔时间，而且可能久久不散。所以，能不能在固定的间隔时间内精准测量出它们，这个问题仍有待商榷。

提示

●不管在什么情况下，我们都不善于判断自己未来的懊悔程度。

●不要让恐惧懊悔的心理阻碍了你的一生。

Get the Edge:
How Simple Changes
Will Transform Your Life

你的人生，
只是缺少心理学

第五章

亲密感的培养

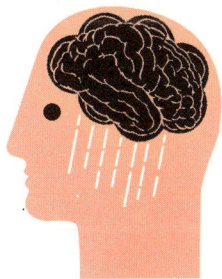

"靠征服是不够的，你得知道如何引诱。"

《梅罗珀》一之四（*Merope*，一七四三年），作者：伏尔泰（Voltaire）

如何逗到别人愿意跟你发生亲密关系

如果想把一个女的逗到愿意跟你上床，可以告诉她一个好玩的故事或者开一个让人跌破眼镜的玩笑。而诀窍就在于，你得好好想想，怎么拉开她们以为的结局和真正结局之间的心理差距。要想强烈影响女人的脑袋，左右神经中枢与反应之间的联结路径，似乎就得靠玩笑里头那具有画龙点睛、跌破眼镜的收尾笑点来搞定。要把一个女人逗到愿意跟你上床，你就得在预期心理和收尾笑点之间制造差距，譬如声称自己不是一个爱开玩笑的家伙，最后却是靠自个儿编的机智妙语来抓住对方的注意力。或者换个方式，说一个她们从没听过但真正好笑的笑话，这对你来说也会有加分作用（但不会比你自己创造的笑话来得吃香）。但如果她们已经听过这则笑话就不管用了，因为可能早就耳闻它的好笑程度（但不见得记得它真正的笑点）。可是要把一个男的逗到愿意跟你上床，那就难多了，因为一旦笑话或故事起了头，他们似乎都有更高的期待值。

这套说法背后的科学根据是这样的：一般人都相信，女人总是觉得能逗她们笑的男人很具吸引力。女人会把男人的幽默感（以及他们逗别人笑的能力）列为重要指标。从简单的心理机制角度来解释，就能了解个中原因。一般人总认为幽默感可以显示（和代表）一个男人的自信，而重点是女人往往会去找有自信的男人，因为从进化的角度来看，自信反映出某种繁殖上的正面效应。但反过来说，女人在这方面就不吃香了，女人的幽默感似乎不如男人的幽默感那么有效果（有些人指出，男性喜剧演员往往被认为很有性魅力，女性喜剧演员则不然）。斯坦福大学的伊曼·艾辛（Eiman Azim）和他的同事做了一个研究，这个研究分析了大脑对幽默题材的反应方式，或许可以帮助我们了解，为什么我们对幽默的欣赏和反应有那么大的性别差异（可能也包括我们对说笑话的人所产生的心理反应）。

研究人员指出，幽默感的欣赏涉及两种基本处理过程：第一种，是对那个幽默题材的理解与同化（哦，我懂了！）。等到这题材被领悟之后，才会出现好笑与正面情绪的感受过程（这太好笑了，哈哈哈！）。

研究人员找来健康的实验对象，趁他们观赏一系列好笑和不好笑的卡通时，扫描他们的大脑。过程中，实验对象若觉得这个卡通好笑，就按一个钮。结果发现，对卡通内容的理解与脑内被称为颞叶——枕骨接合点（temporal-occipital junction）和颞极（temporal pole）——那块区域的运作有关。此外，前额皮质（prefrontal cortex）也有涉及，因为它负责对进料（incoming material）做出反应。至于好笑的感受与正面情绪，则和大脑里的另一个区域有关，即中脑缘报偿系统（mesolimbic reward system）和多巴胺能报偿路径（dopaminergic reward pathways）。

研究人员得出的结论是，当你扫描正在看非口语卡通的男性与女性他们的大脑时，就会发现两种性别的颞叶——枕骨接合点和颞叶端——会开始活动，不过当女性看到幽默的题材时，脑内的运作区域范围会比男性更广，尤其会用到左前额叶皮质（left prefrontal cortex）。这告诉我们，女性脑内的执行功能获得充分发挥，而它们都是用来理解那些卡通的功能键，譬如工作记忆（working memory）、言语的抽象化（verbal abstraction），以及分辨不相关的物质。换言之，女性的大脑对进料的反应比男性大，除此之外，中脑缘报偿区域的活动也比较多（她们比较能从这里接收到更多信号）。套句艾辛等人的话："这个小小的脑部区域与心理报偿（psychological reward）有关，包括自述式的快乐、金钱报酬的收取、对漂亮脸蛋的处理、可卡因诱发的快乐情绪。"就算男性对那些卡通的评价和女性一样，这部分的反应还是女性比男性多。"因为尽管题材一样好笑，处理的方式却不同。这里观察到的活动模式或许可以提供令人信服的见解，供我们从神经中枢的层面去深入分析两性对幽默的差异反应。"换言之，女性的大脑对幽默题材的处理方式不同于男性，当笑点最后出现时，她们从里头得到的报偿会比较多。

所以，要怎么把一个女的逗到愿意跟你上床呢？你必须在预期心理和收尾笑点这两者之间制造差距。先留给她们一个你很无趣的印象，然后开始说笑话，她们的心会一沉，对你说的笑话不抱任何期望，这时你再以精彩的笑点为这笑话收尾，博得她们大笑。她们的前额叶皮质就会开始彻底活化，你便可以利用这意想不到的方式，刺激她们的中脑缘报偿系统。这就像靠可卡因诱发快乐一样，而剩下的你就看着办吧！

这是一门新科学，它的脑成像研究告诉我们，当大脑处理周遭世界的事情时，是如何实际运作的。面对幽默题材，男性和女性反应各有不同。现在我们从神经中枢的实际运作过程里，多少了解到性别上的先天差异。这个研究结果的普世通用性到底有多大？这是个重要问题，因为不是每种幽默都像复杂的卡通那样必须在脑子里做出整合。如果是平常酒吧或餐厅里就会听到的笑话，男女的脑袋在处理这类笑话时，会有不同吗？我们没有答案，但还是有理由可以乐观看待。因为我们的想法是，既然女性对笑点的期望值比较低，那么在这种情况下，她的反应可能更大。所以在这类环境里，能让人跌破眼镜的笑点或许会产生更大的效果。

提示

●女性觉得爱开玩笑的男人特别性感。

●在处理有趣的题材时，女性的中脑缘报偿系统会比男性的来得活跃。

●男性对幽默的笑点要求太高，所以当笑点来临时，往往觉得失望。

●女性对笑点的要求比较低，所以如果笑点比她预期的要好笑，便能达到效果。

●要把一个女人逗到愿意跟你上床，可以说一个笑点比她们的预期值还要高的笑话。

●或者一开始先假装自己是个呆板的家伙，然后用一个超爆笑的笑点来征服她们。

●要把一个女的逗到愿意跟你上床，关键就在于期望值和收尾效果之间的差距。差距愈大，她们的脑袋活化程度就愈高。

如何靠一个简单（心理上）的步骤来达到更好的调情效果

有个简单的诀窍可以让你的调情效果事半功倍，那就是颠覆你以前的思考模式，记得调情的目的是为了好玩（男人尤其要记住这一点）。研究显示，男性和女性在处理调情和看待调情的本质时，多少都有各自的心态。对女性来说，调情通常是为了好玩，被视作一种嬉闹式的活动，是吸引众多男人注意的一种方法。一旦她得到男性的注意，就会开始进行淘汰作业，根据更多的讯息，譬如调情时的反应和行为，在他们中间挑挑选选。对女性来说，调情也是改变两人关系亲密度的一种微妙方法。但男性对调情的态度往往比较认真，他们会把它看作一种和性直接相关的活动。调情要想更有效果，男性必须先调整自己的心态，把它想成是比较偏玩笑嬉闹的东西。女性则需思考一些非言语信号，因为她们可能把调情从嬉闹层面升高到其他层面。如果男性和女性对调情有一致的看法，过程对双方来说会变得更有趣。但男性在想法上可能得有所调适。

令人惊讶的是，调情对很多人来说竟是件麻烦事——它本来是好玩的，但有时候则不然，因为要诠释每个人行为背后的意图并不容易，常出现沟通有误的情况：接收者收到的讯息意义和传送者传送的讯息意义有所出入。女性经常抱怨在她们看来纯属好玩的行为，却被男性误以为是性意图的公然展现。但问题是，调情过程里所出现的行为（凝视、舔唇、甩头发等），有很多都和其中一方或双方性趣盎然时所展现的行为一模一样。四十几年前，美国的心理学家艾伯特·薛佛兰（Albert Scheflen）就称这些行为是"类似求爱的行为"。北伊利诺伊州大学的戴维·汉尼森（David Henningsen）调查了两性对调情动机的认知差异。他找出了六种不同动机，如下所示：

动机一	对性的渴望。
动机二	想改变关系，换言之，人们通常是为了打造更亲密的关系才展开调情。
动机三	想探查别人对你有没有兴趣，接下来才好决定你要和他们有什么互动。
动机四	调情纯粹是为了好玩，因为它很有趣。
动机五	想建立自信，别人如果正面响应你的调情，会让你觉得自己很不赖。

动机六	手段式动机：和别人调情可以得到某种报酬（譬如在酒吧里，希望对方请你喝酒）。

　　汉尼森要求他的实验对象先想想看，人在调情互动中会出现的各种行为，然后写下互动过程中会用到的文字，并描述所有和该对话有关的非言语行为。接着，再回去看这份详细的手稿，从中找出每一个调情动作，就六种调情背后的可能动机来归类（譬如"性欲""关系""探索""好玩""维持自尊"，或是"手段"）。实验对象必须找出每个行为背后的潜在动机（不过也可能出现单一行为有多重动机的时候，譬如"探索"加"好玩"。）

　　这项分析透露出，男人比女人能有系统地找出更多性欲动机，而女人则会找出更多和改善亲密度有关的调情行为。换言之，这个研究清楚透露出许多人早就怀疑的事实：男人与女人对调情信号的解读不一样。他们的假设是男女的基本动机完全不同。汉尼森通过进化的观点去试着了解这些发现，他认为女人调情可能是为了好玩，因为这能让她们练习各种调情方法，了解哪一种有效，哪一种无效。女人必须比男人更善于调情，因为可以利用它来维持男人对她的追求兴趣，也有助于自己对可能的追求者有更多的认识。

　　那么，你应该怎么处理调情？重点是，千万记住男人和女人的调情心态大不同，而且成功的调情不是只有行为趋同，心态也要趋同。男人必须知道，对女人来说，调情是一种好玩有趣的互动形式，起因源于进化，没有承诺的意思。如果男人能接受这种简单的概念，一些常见的沟通不良问题就不会出现了。女人则必须确实掌握住，自己的调情从头到尾都只是在传送玩笑信号，包括微笑、大笑和揶揄、戏弄，男人才会明白这有点好玩（只是好玩而已），对方只是希望他也跟着嬉闹。她们必须在谈话里加点这些玩笑的信号（所谓的综合信号〔meta-signal〕），才能在这件事情上扮演好主导的角色。

但汉尼森少做了一件事，他没有出示实例（譬如录影带）给男女实验对象看，要求他们从里头找出潜在动机。他只要求实验对象用写的方式记下（然后评比）自己的行为。但如果他的研究可以再做一点延伸，就能看出伴随谈话而来的行为（综合信号）所展现的任何一丝细微变化，会对潜在动机的属性造成何种影响。男人和女人是有可能对调情过程里某些细微的玩笑信号做出不同解读的，然后又很快对那些行为发生的原因做出错误结论。总而言之，在我们完全了解男人和女人遇到调情时为什么会出现说辞不一的情形之前，其实还有更多这方面的研究等待我们去探索。

提示

● 调情要有效，就得记住男女面对调情的态度大不同。
● 相较于男人，女人比较可能把调情看成是好玩而已。
● 男人应该把焦点放在好玩的元素上，用不同的心态去享受它，不必那么认真。

如何让另一半在关系上与你更亲密

你可以刻意释放出一些信号，从下意识里巧妙地提醒另一半性爱一事，让他们在心理上和你更亲密，之后你们会更坦诚相对，他／她会想为你做更多牺牲，更愿意和你共同合作解决伴侣关系里的大小冲突。此外，如果是下意识里接触到性刺激，也比较容易想到亲密情事。如果你希望自己的伴侣和你更亲密，可以带他们去画廊（艺术作品会自然地刺激我们的美学价值），不过可能有少数作品不是只有性暗示而已。一起翻阅光鲜亮丽的杂志，看看里面的广告，有些内容"性味"十足，会令你们不由自主地开始想象。再不然，就穿上你们上次做爱时穿的衣服，这会下意识提醒伴侣你们最近的亲密时刻，而且很可能对大脑的某些部位造成刺激，进而提升对方想与你更亲密的那股欲望。

堪萨斯大学（University of Kansas）的奥姆里·吉拉斯（Omri Gillath）和他的同事就利用实验检视了这个概念：从下意识里去刺激人们的性趣，可以帮他们维系和形成更亲密的关系。他们的理论基础是，前戏时和做爱时所分泌的催产素，不仅能制造出高度的报偿感（rewarding sensation），还能活化神经中枢或大脑路径，形成社交联结与依附。但这个研究主要是以动物作为实验对象，所以才能测出催产素的分泌程度。吉拉斯认为"这些发现证实了这个概念，那就是性刺激和性行为可能是系统里的一环，有助于关系的形成与维系。这代表性刺激的接触或许可以含蓄或明确地促使我们主动去建立和维系亲密关系"。就某种层面来说，这种假设并不令人惊讶。毕竟在多数人心里，性和关系的亲密度似乎牢不可分。不过，接下来的实验恐怕就有点令人讶异了。研究人员进行了五项实验，他们让实验对象接触性刺激源，或接触中性刺激源，再检验这种接触是否会提高他们主动建立和维系亲密关系的意愿倾向。这个实验特别的地方在于，研究人员想知道实验对象是不是一定要意识到刺激源的出现，才会受到影响，或者说，如果刺激源是在意识未察觉的情况下出现（亦即出现在他们的下意识里），他们是不是也会受到影响。

吉拉斯利用脑成像技巧进行研究，结果显示，当裸体人物图出现在下意识里时，和性有关的大脑区域（亦即视神经床〔thalamus〕和布罗德曼第七区〔Brodmann's area 7〕）就会开始变得活跃，这些区域通常和性亢奋、性高潮和射精有关。但下意识里接触裸体人物图，并不会让和行为控制有关的脑内区域（前额脑区底部〔the orbital frontal cortex〕）变得活跃。你似乎需要在有意识的情况下接受刺激，才能影响这些区域。在实验里，实验对象以为他们的任务是判断两件家具名称的雷同性。名称出现之前会先闪过一个信号，但这一闪而逝的信号其实是下意识里的一种刺激物（亦即所谓的触媒）——这刺激物不是带有性色彩（情色图片）就是带有中性色彩（抽象图片），出现时间三十毫秒。

在第一个实验里，研究人员检视了实验对象在接触到性刺激物（女性实验对象看到的是从胯下往上拍的一张性感裸男后仰照；男性实验对象看到的则是一张由后方拍摄的性感裸女跪地照）或一般刺激物（一张抽象的照片，没有明显或隐晦的性爱场面）之后，对伴侣敞开心房的意愿程度。在第二个实验里，他们检视了实验对象在不同的刺激物下，为伴侣牺牲自我的意愿程度（暂时搁置自己的利害，以伴侣幸福为优先考虑）。在第三个实验里，他们检视了实验对象在刺激下对亲密念头的接受度。而在另一个实验里，他们检视实验对象在面对与伴侣之间的争执时，这种刺激物的出现会如何影响他们的修补意愿，尤其想知道他们会用正面策略（包括让步）还是负面策略（多半是试图主宰和操控对方）。

这些实验结果的特别之处在于，在所有实验里，呈现在下意识里的性刺激物会造成实验对象更愿意敞开心房，为伴侣自我牺牲，除此之外，也能让实验对象更接受亲密念头（相较于其他比较一般的刺激物，带有性色彩的刺激物，更能让他们轻易认同与亲密关系有关的声明），而且比较偏好采用正面策略来解决冲突。

在这个研究里，研究人员还延长了带有性色彩的下意识刺激物出现的时间长度（从三百毫秒加长到五百毫秒），这等于是让性刺激物浮上意识层面，然后拿它来和先前的结果做比较。结果发现很特别的一点是，带有性色彩的下意识刺激物效果最好（对男性和女性都有相同或类似的影响效果），此外，研究人员也证明了，在下意识里呈现刺激物不一定得靠照片才能达到效果，就算只让"性"这个字一闪而逝（快到不足以被意识察觉）也具有同样效果。

这个研究的结论相当戏剧化。套句他们的话，这个研究告诉我们"就算是很基本和很下意识的性刺激（下意识里接触到一个正值生育年龄、很具吸引力的异性裸体像，或者和性有关的字眼）也能活化和伴侣关系有关的动机，使人们变得更有兴趣或更有意愿在行为上去主动建立和维系更深一层的伴侣关系"。他们说，这证明了性爱系统和情感系统之间的这种紧密关联性，"终将可以造福子孙的繁衍与生存"。那么根据这些研究人员的说法，你要如何让你的伴侣在关系上想与你更亲密？你要如何让他们更愿意对你打开心房？你要如何让他们把你的兴趣和你在乎的事情置于第一位？你要如何让他们改用合作而非对抗的方法来解决你们之间的冲突？你要如何让他们有亲密的念头？答案似乎是，**运用下意识里的性暗示**。好像只要一点点的性暗示，就能影响大脑里的神经中枢电路系统，将性爱和亲密连上线。我们似乎可以在伴侣的意识未察觉的情况下，执行这件事。

这个惊人的发现揭示了我们的性爱系统，以及我们对浪漫关系的渴望，这两者之间有密不可分的关系。隐晦的刺激物影响了人的大脑，即便当事人根本察觉不到刺激物的存在。这些刺激物有影像有文字，它们闪现的速度快到连当事人都没发现自己曾见过它们，但却因为下意识里的接收而在行为上起了一些变化。

然而这个研究的主要局限在于（值得赞扬的是，研究人员似乎也自知这方面的不足），他们的调查方法全采用自述式（"你如何和你的伴侣互动？你要让步到什么程度才会考虑结束两人之间的关系？譬如不能继续自己的学业？"）。他们是采用这种调查方法，而不是去查探行为的实际改变。所以举例来说，实验对象会被问到他们认为自己会不会打开心房，而不是在实验过后，实际查验他们是不是真的打开了心房。但还是有些成果雷同的研究清楚指出，带有性色彩的下意识刺激物的确是重要元素，会让人渴望提升关系的亲密度。我相信未来的研究，一定会把实际的行为调查放进这项创新的经典实验里。

提示

●想要你的伴侣在心理上与你更亲密，就要靠性刺激源来诱发他们。

●带你的伴侣去画廊——从某个层面来看，它展示的是高级艺术，但从另一个层面来看，也可以从中"欣赏"到更多的基本人性议题（贪念、性爱、性渴望）。

●想要你的伴侣在心理上和你更亲密，可以穿上下意识里对他们有性暗示的衣服。要达到最大效果，就得做到不露痕迹，让对方意识不到。

如何让别人不知不觉地喜欢你

如果你想要别人第一次见面就喜欢你，可以利用一点香水，但那香味要若有似无到对方没有意识到。如果这个香水味若有似无，便能让对方直接跳过所有意识处理过程，产生正面反应。但要是让对方察觉到香水的味道（"你洒的香水味道不错"），似乎就没效了。所以在你和别人初次见面前，先擦一点香水，找个朋友闻一下，然后问他："我是不是忘了擦香水？"如果他说是，就表示你擦的量刚刚好，将对待会儿要见到的人有很大的影响。

　　根据美国西北大学（North Western University）的李文（Wen Li）及其同事二零零七年发表的研究，你可以利用若有似无的香水味让自己变得更有魅力。从其他心理学的研究可以得知，如果讯息是从亲密感的培养意识层面底下（所谓的"下意识讯息"〔subliminal information〕）去影响理智，便会大大影响我们对各种不同事物的反应。研究已经证实，如果你是从下意识里去呈现感性画面和言语，那么跟在下意识刺激物后面出来的东西就会获得对方的好感。李文和她的同事想知道，有没有什么嗅觉上的刺激物让人闻到之后，会影响当事人对随后出现的事物的评估与判断。他们认为这非常有可能，因为嗅觉系统和大脑边缘区域有密切的关联，而后者关系到对感情和情绪的处理。

　　研究人员对这个假设的检验方法是，先找来三种味道：柠檬醛（柠檬）、茴香醚（乙太）和汗酸（汗水）。它们被分别认定为好闻的味道、没有味道，以及不好闻的味道。每次实验时，实验对象都得闻内含其中一种味道的瓶子（有些瓶子里头什么也没装），然后按下计算机键，回答瓶子里有没有味道在里面。接着计算机屏幕会秀出八十张人脸其中的一张，这些脸都没有表情，而实验对象必须评鉴屏幕上的脸讨不讨人喜欢。此外，也会同时测量实验对象的呼吸与心跳。

　　得出的结果很有趣，如果味道的呈现没有达到意识察觉的层面，那么跟在不好闻的味道后面出来的人脸，会比跟在好闻味道后面出来的人脸，较不讨人喜欢。但如果实验对象可以（在意识察觉到的情况下）闻到那个味道，这种差异就不会出现。不好闻的味道出现后，心跳会跟着加速，这个现象并不受意识察觉的影响。

　　所以这个研究显然证实了，下意识的味道的确会影响一个人对喜爱度的判断能力及心跳速度。这个研究最令人诧异的一点是，味道必须出现在下意识里，才会影响喜爱度的判断结果。诚如研究人员所说："在意识没有察觉的情况下，味道最能发挥它的效果。"

所以如果你希望别人在你还没开口前就喜欢你，只要**擦上味道最若有似无的好闻香水就行了**。只要一滴，这样一来，他们才不会意识到你擦了香水。如果你能这么做，便能从下意识里去启动他们对你的爱慕反应，让他们更喜欢你。

这项研究证明了，意识察觉不到的味道效果最好。大部分人外出时会特地擦上昂贵的香水，想留给别人难忘的印象，但说到味道，还是淡一点最吃香。

这个研究的主要局限在于，它只拿好闻的、无味以及不好闻的味道做比较，所以无法得知哪一种好闻的味道最有效，还有理由是什么。此外，它也没有调查好闻的味道（或香水）和擦这香水的人，两者之间的匹配度，因为这可能才是实际生活里的关键要素。某种香水擦在某人身上可能特别好闻，擦在另一个人身上就不怎么样。

研究人员为这个研究结果下的结论是："我们只能希望我们身上释出的那些若有似无的味道，可以留给别人美好的印象。"不过我认为可以说得更直接一点：说到第一印象，一定要用若有似无的味道，才能真正打动对方的心！

提示

●要让别人喜欢你，可以擦上香水，但味道必须若有似无到对方意识不到你擦了香水。

●以同样的方法，用若有似无的味道去"打动"陌生人的心。

如何在男人眼中变得更有魅力

想在男人面前更有魅力，可以把红色穿戴在身上。不一定要穿上红色洋装或红色上衣，做法可以再细腻一点。因为有一系列实验证明，在红色背景下，对男人秀出女子照片（只秀五秒），会比在白色背景下，更能让男性觉得照片中的女子有魅力。此外，在红色背景下出示照片，男人会觉得照片里的女子"比较让人有性渴望"。换言之，短暂接触红色色彩（一样是在意识察觉不到的情况下），似乎就能影响当事人对魅力的判断。

这背后的原因似乎已经远超出文化界线。事实上，世界各地有许多文化都以红色来象征爱情，譬如红玫瑰、红色的心以及红色内衣等。更确切地说，以红色来代表爱情，这里头或许有某种生物根据——而红色爱情文化的由来也的确有它的生物根据：许多非人类的雌性灵长类动物排卵时，外阴部都会变红。皮肤的泛红与雌激素的高涨有关，它使皮肤表面下的血管充血，进而泛红。换言之，在雌性灵长类动物里，红色代表明显的性讯息，目的是要吸引配偶。所以如果你想让别人对你更有性趣，就把红色秀出来，但秀的时间要短，而且要若隐若现，别让对方的意识察觉到：一只红色手表，一双红色鞋子——愈是隐约，效果愈好。

这一定很有效吗？虽然很难说，不过有趣的是，在同样实验里，女人并不会因为红色一闪而逝就觉得别的女人特别有魅力，也不会让男人对照片中女人的"可爱""和蔼"和"聪明"等特质判断造成影响。换言之，红色的闪现似乎只会影响性趣，以及对性的正向判断力（positive sexual judgments）（而不是一般的正向判断力）。此外，由于心理学家在实验里加了一条很明确的问题："你会想和这个人发生性关系吗？"（以一到九的量表来回答，一代表"绝对不想"，九代表"绝对很想"）所以实验结果也很明确。红色出现时，实验对象都较愿意与照片里的女子发生性关系。当然看照片并不切合实际，那么红色的闪现和其他可能影响性魅力的东西是如何互相作用的呢？这点我们目前仍不知道，不过在这之前，如果你愿意的话，倒是可以先去买只红色表带的手表试试。

提示

●性吸引力会受许多下意识因素影响。

●红色是女人一种下意识的性暗号。

●如果照片里的女人和红色有短暂的关联，男人就会觉得这样的女人比较"有吸引力"，以及比较"让人有性渴望"。

●利用红色的闪现来吸引男人，譬如买只红色表带的手表。

●在下意识里运作，让自己在异性面前更有魅力。

Get the Edge:
How Simple Changes
Will Transform Your Life

你的人生，
只是缺少心理学

第六章

婚姻与感情

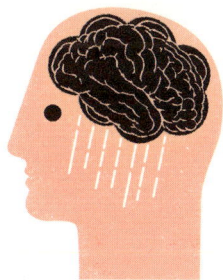

"夫妻不住在一起，比较能保持婚姻幸福。"

《人性，太人性》第三百九十三条格言（*Human, All too Human*，一八七八），
作者：尼采（Nietzsche），译者：海伦·西蒙（Helen Zimmen）

如何拥有幸福美满的婚姻

要有幸福美满的婚姻，便得防范自己做出一些会加速终结婚姻的行为，包括：**批评、辩解、鄙视及拒绝对话**。

如果你真的想要有美满的婚姻，便得少批评、少一点自我防卫，不要拒绝对话，还有，无论如何都不能表现出鄙视。在婚姻里表现鄙视，尤其具有破坏力，等于是离婚的前奏曲。为人妻子的你，若想批评自己的老公（婚姻里，谁都难免有想发牢骚的时候），得要很小心地提出你的批判，并记得在沟通过程中让他感到放心。而身为人夫，若是妻子批评你，必须耐心倾听，了解她想表达的意思，而不是拒绝听她说话或要她住嘴。不管怎么样，夫妻双方都不能表现出鄙视的嘴脸。研究显示，若丈夫在婚姻里常出现鄙视态度，的确会增加妻子罹患感染性疾病的风险。所以鄙视不仅会终结婚姻，也在某方面终结了妻子。

根据华盛顿大学约翰·高特曼（John Gottman）及其同事的研究，要预测婚姻幸不幸福，感情稳不稳定，从一些互动和行为的顺序就能够轻易看出。

过去三十年来，高特曼一直在研究美满婚姻里常有的行为顺序，并拿来和以离婚收场的婚姻做比较，还针对这个主题，写了好几本极具影响力的书，书名都带有警世意味，譬如《各种预测离婚的方法》（*What Predicts Divorce: The measures*）和《离婚的数学运算》（*The Mathematics of Divorce*）（这书名可能更吓人）。高特曼研究成果的与众不同之处在于，他的分析很详尽，找出了和婚姻幸福有关的实际因素，并能利用这种观察技巧，去评估其他不及他方法详尽的婚姻分析工具。市面上对于如何打造幸福婚姻，出现很多迷思和假设，包括有人认为婚姻里的愤怒是死亡之吻。根据哈维尔·韩瑞斯（Harville Hendrix）的说法，"愤怒对婚姻具有破坏力，不管它的形成因素是什么。当愤怒出现时，无论这里头有没有肢体暴力，受到攻击的那一方都会觉得自己受到粗暴的对待。人的脑袋从古至今就无法区分武器的不同。"另一个和婚姻有关的执念是"倾听的行为"（在两性关系里，这是一种同理心的表露），这是巩固美满婚姻的最重要因素之一，于是这一点就理所当然地成为各种婚姻治疗的基础理论。夫妻被教导要更懂得倾听对方，尤其是做丈夫的。他们被教导要"听"妻子的抱怨，而且为了"让抱怨者的情绪有其正当性"，在对话里必须"以非自我防卫的方式"来诠释抱怨内容。

可是高特曼一开始研究时，就没有先假设婚姻幸福的主要特征可能是什么。他也没有先假设愤怒一定是不好，或者常主动倾听就一定是婚姻里的万灵丹。他打从一开始就像块干净的白板，客观记录幸福婚姻里出现的行为与惯性活动，以及不幸福的婚姻有哪些情况遭遇。结果有了许多令人惊讶的发现。他发现，愤怒和争吵不见得是婚姻失败的风向标。此外，他也发现，即便是在最幸福美满的婚姻关系里，也鲜少看见主动倾听这种东西。不过他也找到了一些关乎婚姻成败的行为顺序。

高特曼的方法是找一群新婚夫妻当样本，要求他们回答问卷上对婚姻满意度的各项问题。在第二阶段的研究里，他们请来一百三十对夫妻进入实验室接受拍摄。当时，丈夫的平均年龄是二十七岁，妻子的平均年龄是二十五岁。高特曼每年评量一次他们的婚姻状态和婚姻满意度。到了第六年年底，样本里已经有十七对离婚。这些夫妻会讨论婚姻生活里经常争执的问题，高特曼把他们的对话拍下来。此外，高特曼也举办"回忆研讨会"，让这些夫妻回顾他们在争执里的讨论过程。他们会先花十五分钟讨论那个争执主题，再观赏被拍下的影片。然后丈夫和妻子必须为自己和另一半在讨论过程中所出现的情绪加以评分。每个人的情绪表现都会被分析，包括面部表情、语调和说话内容。五种被强调的正面情绪是：**关心、肯定、爱慕、幽默和欢乐**，而十种被强调的负面情绪是：**厌恶、鄙视、好战、跋扈、愤怒、恐惧／紧张、自我防卫、牢骚、悲伤和拒绝对话**（或者听者出现退缩的态度）。

主要调查的问题是：哪一种情绪表现和婚姻的幸不幸福有关？哪一种情绪表现可能以离婚收场？结果显示，夫妻双方在"批判""自我防卫""鄙视""拒绝对话"及"好战"这些部分若是到达足够的强度，恐怕就有离婚的可能，但不见得能看出婚姻的幸不幸福。至于低强度的情绪表现，妻子若出现"牢骚""愤怒""悲伤""跋扈""厌恶""恐惧"和"拒绝对话"等情绪，也会有离婚的可能，但还是不能可靠地看出婚姻的幸不幸福。然而在婚姻里出现"愤怒"的情绪，也并不代表有离婚的可能，这和以前认知的不同，无法从中看出婚姻幸不幸福。

换言之，如果你想要白头偕老，不必太担心愤怒的情绪表现，但倒是得小心其他情绪表现，其中四种是批判、自我防卫、鄙视和拒绝对话。高特曼称它们为"末日四骑士"（The Four Horsemen of the Apocalypse）。当四名"骑士"进入眼帘时，你就得开始担心婚姻关系可能不保。在高特曼眼中，这些行为具有一些"最具破坏力的模式"可能伤害到婚姻，所以可用它们来高度预测离婚的可能。另一方面，高特曼发现，婚姻治疗里占有重要地位的"主动倾听"，即便在最幸福美满的婚姻里也显少见。

高特曼接着从个别行为的确认转移到互动顺序的描述，并从这些描述去看婚姻幸福与否及离婚的可能性。高特曼把他找到的顺序用这样的方式写下来："预言离婚的模式是，妻子先开口否定，丈夫拒绝接受妻子的感化，妻子以低强度的否定方式还以颜色，丈夫再扩大强度否定回去。"你可以想象这个模式会像滚雪球一样愈滚愈大——妻子说出她不爽的地方，丈夫用消极的情绪信号拒绝讨论，妻子对这些信号还以颜色，整件事一发不可收拾。当夫妻陷入这种模式，离婚似乎就成了高度可能的选项。

从另一方面来说，那些幸福美满、关系稳定的婚姻，都是"妻子以温柔的方式起头，丈夫接受感化，不把低强度的负面情绪加以扩大，妻子可能用幽默感来实际安慰他，而丈夫也可能运用正面的情绪反应和降低反应强度的方式，来实际安慰自己"。换言之，在幸福稳定的婚姻里，妻子会以温和的手法引出敏感的话题，然后利用某种幽默感去缓和她自己的批判内容，不让场面失控，至于丈夫则会利用正面情绪的表达方式，时时控制自己的心理状态。

在高特曼的研究里有个重要的发现，那就是唯有丈夫接受妻子的感化，婚姻才能幸福长久，因为在妻子起头的对话里，丈夫的反应会是关键。不过高特曼所做的婚姻行为顺序分析，不只能预测离婚率，也能预测婚姻里的疾病。比如他发现，如果你的伴侣表现鄙视的态度，就会使你罹患传染性疾病的概率增加（至少对女人来说是如此，有趣的是，这并不适用于男性）。以男性来说，心理层面的孤单，才会影响到争执与疾病之间的关联性。高特曼对这一点的解释是，男性受到压力时，会比女性更有可能从感情里退出，就是这种退出促使了争执与疾病之间产生关联。

所以真正的问题在于，你要怎么做才能有幸福的婚姻。看来答案是不必太在乎发脾气这种事，但要小心批判、自我防卫、鄙视和拒绝对话这几点。鄙视尤其不能等闲视之，因为它不只会结束你们的婚姻关系，也可能会毁了你的另一半，害她们容易罹患传染性疾病。幸福稳定的婚姻关系秘诀就在于，当妻子开始批判时，先别回以否定的态度。对妻子而言，秘诀则在于你要温柔地提出批判，利用幽默来缓和你的批判（但不要太嘲讽）。别让末日四骑士（以及他们的跟班：好战）带着你驰往无望之地。

高特曼的研究曾经是引起广大反响的焦点话题。在最初的实验里，他利用十五分钟的观察样本来预测离婚的模式，但后来的研究专家认为，只要三分钟观察样本就够了，因为三分钟时间就足以告知这桩婚姻能不能继续走下去。不过这个研究有一些缺失。原始样本里的离婚数据并不高，而且受访者都来自美国的一小块区域，所以要从这么小范围的样本里做出总结，势必得很小心。尽管如此，高特曼的研究成果有趣和创新的地方在于，他不只聚焦在幸福婚姻和不幸福婚姻的行为特征上，也没忘记找出失败婚姻的行为特征，正因如此，他让人注意到婚姻本质里那些不起眼的行为顺序。此外，他也提醒我们应避免落入某种固定的行为顺序模式里。我们都可以学会各种降低情绪强度的方法。高特曼的研究成果唯一危险的地方在于，那些行为描述，或许只是某些深层的根本原因所外显的征兆而已，夫妻间如果本质上就不合，那么每天都会上演这些行为顺序。要知道这个假设是否正确，只能靠时间和更大范围的研究样本数来告诉我们。不过，在更确切的答案出来之前，下次若是感觉到自己对另一半开始有鄙视心理，赶紧刹住，把它压下去，除非你百分之百确定想要结束婚姻关系。

提示

●婚姻里的惯性行为能告诉我们这桩婚姻能否继续走下去。

●很不幸的是，婚姻里的批判、自我防卫、鄙视和拒绝对话往往是离婚的前奏曲。

●鄙视的态度会影响生理和心理健康。

●女性必须温柔地提出批判。

●男性必须响应批判。

●在婚姻里发脾气，不见得代表婚姻关系就会宣告终止。

●在婚姻里主动倾听是件好事，但也不是没有它就不行。

如何察觉感情出了问题

如果你想知道你的婚姻或感情是不是还能得以延续，就注意听你的另一半如何使用代名词来描述你们两人。以下是几个常被使用的代名词：

第一人称单数——我（受词和主词）、我的婚姻与感情

第一人称复数——我们（受词和主词）、我们的

第二人称——你、你的

如果第二人称代名词（你、你的）经常出现，就是个坏征兆。它代表关系急速降温（里头有很多批判、争执、辩解和负面态度）。使用第一人称复数则是好兆头，因为它代表你们之间在相处上会彼此让步，积极解决问题。第

一人称单数的使用也不错，因为这和婚姻满意度有关。

宾州大学（University of Pennsylvania）的瑞秋·西蒙斯（Rachel Simmons）及其同事检验了人们在婚姻里的互动语言与婚姻满意度间的关联。她强调的是，第一人称和第二人称代名词的使用。

她以上述研究为基础，说明"高度忠贞的伴侣"在形容婚姻关系时，往往比"忠贞度较低的伴侣"更常使用"我们"这样的代名词。至于第二人称代名词"你"和"你的"，则是在其中一方想在心理上与另一半拉开距离时，才会使用到。研究人员找来五十九对夫妻，请他们讨论婚姻关系里所面对的重要议题，然后记录他们的讨论过程。研究人员测量了婚姻满意度，以及强调你的代名词（你、你的）、强调我们的代名词（我们、我们的）和强调我的代名词（我、我的）出现的相对次数。他们也为互动行为里的积极和消极程度打分。他们发现，第二人称代名词的使用较常出现在消极的互动行为里；"我"这个代名词的使用，则较常出现在积极的互动行为里；至于"我们"这个代名词的使用，则和积极解决问题有关（包括在对话中提出建设性对策及愿意妥协让步的出现次数）。总而言之，对话中出现"我们"这个代名词，似乎确实和婚姻关系的质量有关。

当然这个研究的问题在于，受访者所谈到的事情在属性上可能会主导代名词的使用，所以也许不能作为衡量婚姻关系好坏的客观依据。不过研究人员显然认为，有可能是当事人"无视谈话内容是什么，只听见另一半用的代名词，便予以回应"。换言之，他们可能因为听见对话里出现"你"这样的代名词便觉得受到威胁，因为这话听起来隐约有指控的意味。对于这一点，我不完全认同。

> **提示**
>
> ●夫妻谈到彼此关系时所用的代名词，可以反映出他们之间婚姻的幸福和健全程度。
> ●太常使用"你"这个代名词，恐怕不是个好兆头，它听起来有指控的意味。
> ●"我们"这个代名词的使用是个好兆头，它反映出双方愿意妥协让步，并且会寻找建设性对策来解决问题。
> ●"我"这个代名词的使用是另一个好兆头，它代表责任的承担。

如何让别人别太苛求你

若要别人对你别太苛求，可以小心地选个时机，把你那带有罪恶感的秘密招供。秘诀就在于：等他们洗完手之后（譬如晚饭前）再全盘托出。研究证实，道德判断不见得和推理及意识上的决定有关，但一定会受到直觉因素和外在环境的影响。我们常形容某些不道德行为很恶心，这种说法绝非随口说说而已。当我们在判断某种不道德行为有多糟糕时，我们的基本判断力通常和我们当时身处的外在环境有关。心理学家已经证实这一点，他们把人放在气味不好的环境里，或者让他们置身在一个令人不悦的环境下工作，然后请他们判断某道德问题的严重性。结果显示，外在环境形势似乎影响了这个判断。普利茅斯大学（Plymouth University）的西蒙妮·施纳尔（Simone Schnall）研究了人们面对六种道德窘境所出现的反应（特别是恶心），其中包括：**一、吃一条死狗；二、更换电车的轨道，这样只会死一个工作人员，而不是五个；三、利用小猫来达到性亢奋的目的。**

施纳尔和同事为了刺激这些实验对象，特地要求他们利用一些和洁净（cleanliness）有关的字眼来造句，譬如：**纯净、洗过、干净、无污垢**和**纯朴，**

或者用中性字眼来造句。

结果研究人员发现，当实验对象受到洁净字眼的刺激时，他们对这些陷于窘境的道德判断就不会有太高的要求。举例来说：当实验对象受到中性字眼的刺激时，"吃掉一条死狗"在零（完全没问题）到九（非常不道德）的量表分数是 6.55；如果受到洁净字眼的刺激，在同样的量表上，分数就成了5.70。"利用小猫来达到性亢奋的目的"在中性字眼的刺激下，分数是 8.25；在洁净字眼的刺激下则成了 6.70。这两个例子的分数都明显偏低（意思是还可以接受）。换言之，这个实验里的实验对象，如果是在意识没有察觉的情况下，让脑袋被洁净的概念活化了，他们就会觉得这些道德上的窘境其实没有那么糟。接下来，研究人员要求实验对象在做道德判断前先去洗手，然后检测效果如何。结果发现也有同样效果，洗手会让实验对象不会做出太严厉的道德判断。因此这些心理学家的结论是：在判断某个作为的道德性时，纯净的夸大可以充当基本的直觉。

所以如果你想对得起良心，不想有罪恶感，就把家事做完再告解，或者等你的伴侣洗完手后再招供吧！千万不要在脏乱的房间里招认自己的罪状（除非你真的很想受到惩罚）。

提示

- ●道德判断会受下意识因素的影响，包括外在环境。
- ●当脑袋被"灌输"洁净的想法时，对于道德判断就不会那么严厉。
- ●要忏悔，一定要在干净的房间里。
- ●等你的另一半洗完手，再告诉对方你的龌龊事。

如何知道你的婚姻是不是快没救了

若想知道你的婚姻是否快没救了，可以找另一半和你聊聊当年往事。回忆当初的相识和追求经过，回顾婚礼当天的事，包括伴娘的礼服，新娘父亲醉醺醺地站在教堂走道上。再退后一步想想你们刚刚聊了什么。婚礼本身如何？你们对婚礼讨论了什么？重点是摆在：

外在因素
"那真的是你妈决定的。" "我当时以为你可能怀孕了，我没有别的选择。" "我以为这对我事业有帮助。"

或

内在因素
"我那时真的好爱你。" "我那时不想和你分隔两地。" "我那时候开心到就脱口而出了。"

早期的婚姻生活如何？是两人共同克服逆境，还是只有"失望"二字？这里头有你们共同面临的挑战吗？焦点是放在两人的共同行动，还是只有一连串的失望与隔阂？它是属于"我们"的故事，还是被分割成"你""我"的各自故事？这里头有宠爱吗？可以自然轻松地嗅出其中的自豪意味吗？还是明显嗅不出任何正面情绪？

要判断婚姻未来走向的好坏，最可靠的方法似乎就是听听夫妻双方如何叙述他们的相识经过与早年的婚姻生活。如果迹象上显示负面多于正面，可能就是该检讨的时候了。但要记住，还是有机会修补的。

根据约翰·高特曼的说法，要知道自己的婚姻是不是出了问题，最可靠的方法是，去听你和另一半是怎么谈论你们的共同过往。套句高特曼的话："当婚姻正在崩解时，我们发现丈夫和妻子都会以负面观点去重塑当年那段日子。"那些失望和被怠忽的经验在记忆里变得更不堪。以前你或许曾欢喜回顾你们的第一支舞，或是你们共同买下的婚戒，但现在你满脑子想的都是那些刺耳的口气，这似乎在预告你们此刻对婚姻的不满——当时你的未婚夫醉醺醺地出现，或是很晚了，两人还在争执邀请函里的字句。这里的重点是，若是以负面态度去看待你们的过往，便等于是初期警讯，提醒你们婚姻出了问题。因为在你们开始察觉到婚姻出了大问题之前，历史就可能已经先被你们改写了。

高特曼研究了五十六对夫妻，请教了一系列有关婚姻过往的问题，包括早年时候他们如何相识，如何相偕一生，如何共同克服所有难题。第一次受访时，没有一对夫妻打算分手，但三年过后，15%的夫妻已经离异，高特曼这才注意到，可以从他们对共同过往的谈论方式找到一些蛛丝马迹。他说，这里头有一些明显痕迹，譬如有些夫妻在回顾过往时，"好像会觉得那段时光充满困惑不安，什么都没有把握"，总认为两人的结合是迫于压力，"可以说是任性的结果"。根据高特曼的说法，这是非常负面的暗示。如果他们提到是外在因素促成这桩婚姻（譬如金钱压力或者像未婚怀孕这类原因），也算是负面暗示。以心理学的术语来说，这些都称之为"外在归因"（external attributions），也就是说，你是用外在因素去解释一个事件，而非内在因素

（譬如"我就是很想结婚"），而内在因素强调的是一个人主动做出决定。

以离婚收场的夫妻对过往的回忆通常都是失望，完全没有因克服种种困难后油然而生的那种自豪。丈夫和妻子如果是以"共同经营事业"（joint undertaking）的态度在谈论婚姻早年的生活（比如说"我们一搬进来，就尽量合力保持房子的整洁"），才会较有正面的迹象显示这桩婚姻可以长久。高特曼发现婚姻若是稳固，做丈夫的在谈到自己的妻子时，总是带着宠爱的语气，这一点你或许并不感到意外。高特曼认为这些信号具有高度预测性。他写道："我们请教他们三年前的婚姻状况，然后就可以只根据他们回答问题的方式，百分之百预测哪些夫妻会离婚！"从对话内容便可预告几年后的不幸遭遇，这一点很有趣。但对我们来说最重要的是，我们一定要留意各种征兆，毕竟婚姻可能不像我们以为的那么坚固。高特曼从他的研究里找到一些特征，但并没有给我们任何方法去逐一评比它们的重要性。譬如"控制感"（sense of control）相对于"早年处境艰困，却仍不改浪漫初衷"，这两种因子孰轻孰重？假设有人是迫于另一半的父母压力才走入婚姻（基本上这算是外在归因），但新婚那几年虽然没钱，还是浪漫地认为可以熬得过去。这和因为内在归因而结婚（"当时我真的觉得该结婚了"）但少了新婚的浪漫想法（"我们那时没有钱，真可怕"）比起来，究竟孰优孰劣？高特曼并没有给我们机会去实际分别权衡这些因素，不过他详列了一些我们或许可以留意到的细节。这个研究的另一个问题，在于样本规模太小，最终只有七对夫妻确实离婚了。既然样本数这么少，或许不足以代表普遍的真实现象。

●在共同回忆你们以前之间的感情生活时，可以留意一下两人说话的内容，从中看出婚姻是不是出了问题。

●说到新婚生活时，是用正面还是负面的态度？这一点具有高度预测性。

●你们认为婚姻初期的生活充满了压力和变量吗？如果答案是肯定的，恐怕不是个好兆头。

●你们两人都认为一开始是"外在"因素迫使你们结婚吗？这也是个不好的兆头。

●千万记住，修补婚姻永远不嫌迟，不过你必须先了解这些警讯。

如何道歉

好的认错方式，秘诀就在于你必须让人觉得你很真诚，而这里头包含了几个要素。要让人感觉到道歉是诚心诚意的，道歉者就必须给人真诚的感觉，且关键就在于你话中讯息的传达方式。以节奏和面部表情来说，道歉绝不能仓促，譬如你反复在说的那几个充填性字眼，就一定要放慢速度，因此"我真的真的很抱歉"绝对好过于简单一句"我很抱歉"。如果这部分说得太快，可能会让人觉得像是预先排演过，给人不够自发和不够真实的感觉。至于面部表情，你在道歉时，眼神一定要接触到对方，因为道歉的部分功能是希望让接收者的心里能好过一点，因此，和接收者的眼神接触是很重要的。

至于内容，道歉一定要具备几个元素，包括：

．对自己的行为表达自责或感到难过。譬如"我真的真的很抱歉"。

．承担责任。譬如"我知道我做错了"。

．对自制力的承诺。譬如"我保证我不会再犯"。

．提议修补。譬如"我会尽量补偿你"。

少了任何一个元素，都会影响道歉的效果。少掉的元素愈多，接收者愈容易责怪，也愈想制裁对方。所以道歉要有效果，就得确保这些元素都得到位，而且要小心传达的方式，好好地说，慢慢地说，务必保持眼神接触。

东伊利诺伊大学（Eastern Illinois University）的史帝文·雪尔（Steven Scher）和普林斯顿大学（Princeton University）的约翰·达利（John Darley）曾针对道歉的基本元素展开一项经典的调查。他们详细研究了这四个元素：

表达自责	"我很抱歉。"
承担责任	"我知道我做错了。"
承诺自制	"我保证我不会再犯了。"
提议修补	"如果有什么方法可以补偿你，请告诉我。"

研究人员告诉实验对象一个故事，内容是有个人答应朋友的事但没做到。故事主人翁答应打电话告诉朋友一件事关工作面试的重要讯息，可是他忘了打，过了几天后才打过去。接着实验对象会看到主人翁的解释内容，里头可能有或没有自责、负责、承诺自制和提议修补这些元素。实验对象看完故事后，得判断主人翁对自己的行径有多后悔，对方会责怪和谴责他到什么程度。

结果显示人们对犯错者的观感，的确会受到道歉里头元素的影响，这些影响都"很明显而且各自独立，每加进一个，似乎都能对犯错者的道歉的适当性多出一份效应，也会影响到犯错者被人责怪和被人制裁的程度多寡。更会影响别人对于这位犯错者的观感"。换言之，四个元素似乎都很管用，绝对会影响道歉的功效。如果你想让你的道歉发挥效果，一定要确保你表达了自责的心理，承认责任在你，承诺不会再犯，还有要提议会尽可能弥补对方。

这些元素被放进去得愈多，道歉就愈有效。

　　但是这个研究的局限性在于，它只利用一种情境来调查，所以不见得能证明所有犯错行为都需要用到这四种元素。有没有什么错误是我们犯了就无法弥补的（不管我们再怎么努力）？道歉会因为你的无法弥补而变得没有效果吗？但这个研究的确告诉我们，口头道歉具有多重的元素，一定要记得尽可能多加点元素进来。

提示

　　● 道歉必须让人觉得真心诚意，所以道歉不要道得太仓促，要"细心周到"，眼神保持接触，证明你是认真的。

　　● 好的道歉有四个基本元素（自责／负责／承诺自制／修补）。

　　● 道歉时，要确保这四种元素都在，元素愈齐全，道歉愈有效。

如何说服另一半打扫房子

　　如果你想要别人常打扫屋子，务必在需要打扫的地方，放上淡淡柑橘味的清洁剂，且味道不能太强和太明显。这种淡淡的味道可以在下意识里影响他们的思维、计划和行动，使他们很容易就兴起清扫的念头。这时候若是问他们那天打算做什么，他们比较有可能把清扫列为当天的活动之一，就算不问，日后也较有可能自己动手清扫。这是靠下意识来引发行为的一种例子。

　　而这也是荷兰奈梅亨拉邦德大学的罗伯·荷兰德（Rob Holland）和他的同事所得出的结论。他们认为味道可以引发思考和行为。味道的作用是让大脑产生某些联想，再主导行为。荷兰德等人参考了巴赫、陈和柏洛（Bargh，

Chen and Burrows) 的一些经典研究，后者给了实验对象一张内含五个英文单词的清单，要他们从里头挑出四个英文单词拼成句子，这种实验叫作"乱句实验"(scrambled sentence test)。这五个英文单词的错乱顺序就像这样：

Shoes gave replace old the.

Sky the seamless grey is.

Should now withdraw forgetful we.

Us bingo sing play let.

Sunlight makes temperature wrinkle raisins.

你可以自己试试看，也许你凑出的句子会是这样：

换掉那双旧鞋。(Replace the old shoes.)

那天空灰得没有缝隙。(The Sky is seamless grey.)

我们现在应该撤退。(We should now withdraw.)

让我们玩宾果游戏。(Let us play bingo.)

阳光晒皱了葡萄干。(Sunlight makes raisins wrinkle.)

巴赫等人在研究里，有效利用乱句中和年长有关的字眼来刺激实验对象，包括：**旧、灰、遗忘、宾果游戏**和**皱**。实验对象以为他们做的是语言实验，但其实巴赫和他的同事是从下意识里，引发他们想到自己年纪渐老。然后研究人员要求实验对象从实验室旁边的走廊走过去。令人难以置信的是，他们发现这些下意识受到刺激的人，走路时会比那些未受到刺激的人来得慢。换言之，人是可以通过某种方法被下意识地暗示去从事某种行为。荷兰德和他的同事自问能否利用类似的方式去暗示人们清扫环境。他们利用三种实验来试验这个点子。在第一个实验里，他们利用一种叫语汇判断练习 (lexical decision task) 的实验方法。实验中，实验对象必须判断计算机屏幕上的一串字母是不是一个名副其实的单词，然后按下"是"或"不是"的按键，研究人员则会测量实验对象花多少毫秒的时间按下按键。研究人员仔细研究小房间里如果隐约有柑橘味（也就是小房间里有全效清洁剂的味道），对这个作业练习会造成何种影响，换言之，实验对象必须判断屏幕里的几串字母是否是名副其实的单词，因为其中有的和清洁有关（譬如"清洁""卫生"），有的和清洁无关（譬如"桌子""计算机"）。实验对象也被问到，他们觉得这个实验是在研究什么，还有他们有没有注意到小房间里有什么特别的味道（如果有，是什么味道）。

令人难以置信的是，身处在"有味道"的环境里（全效清洁剂）的实验对象，在看见和清洁有关的婚姻与感情字眼时，按键反应比待在对照环境里（亦即没有味道）的实验对象来得快，平均反应时间大约是五百九十毫秒，相较之下，对照环境里的实验对象对清洁相关字眼的平均反应时间是六百一十八毫秒。至于找出和清洁无关的字眼所需的反应时间，两种环境下的实验结果也是大同小异。这些实验差异都是在实验对象意识里察觉不到味道的情况下出现的。

在第二个实验里，实验对象再一次进入有淡淡柑橘味的小房间，或者完全没有味道的对照房间里。这一次他们只被要求写下今天打算做什么。同样出乎意料的是，房间里有淡淡柑橘味的实验对象，比较会把清洁工作列在今天的待做事项里。事实上，他们提到今天要拨部分时间打扫的比例，比那些待在对照房间里的实验对象多了三倍。

所以看起来即便只是隐约暗示有全效清洁剂，也会影响到我们的思考和计划，不过这真的对我们的实际行为有影响吗？研究人员在第三个实验里测试了这一点。实验对象像以前一样再次被带进房间，而且这次是被单独带进房间，并让他们坐在桌前，给他们一块易碎的饼干吃。房间里藏有摄影机录下他们的一举一动。实验结果同样引人注目。当实验对象暴露在清洁剂味道的环境里时，他们比较会去清除桌上掉落的饼干屑，相较之下，没有暴露在清洁剂味道环境里的实验对象，比较不会这么做。换言之，让一个人接触清洁剂的味道，可以影响他们的思考、计划和实际行为，而所谓的行为就是闻到之后，会保持桌面干净。而这一切都是在意识察觉不到味道的情况下发生的（只有很少数的人会注意到味道）。

这个结论有些出人意料，再次证明下意识的促发性刺激（primes）对行为是有影响的。它告诉我们可以在意识察觉不到的情况下，诱发人们更快认出和清洁有关的字眼，更有意愿为当天安排清洁活动，而且会实际去做更多清洁和打扫工作，前提是，只要让他们接触到某种可以联想到清洁的味道。对于同处一个屋檐下的男女来说，如果他们希望另一半在家里可以多做点清洁打扫的工作，这个实验似乎让他们清楚地学到了一课。

这个研究的唯一局限在于，它并没有告诉我们，最后会不会习惯了这种味道，或者多久会习惯？我们能不能偶尔用一下，免得因为太常闻到而对这味道变得无感？还是不管我们用多少次，它都能发挥它的下意识刺激效果？这是个实际却仍无解的问题。

提示

●有很多方法可以让人们在意识察觉不到的情况下，受到刺激促发。

●如果你利用下意识的暗示手法去刺激人们想到变老这件事，他们的走路速度也会变慢。

●你可以利用意识察觉不到的味道去刺激人们想到清洁或打扫的事情。

●在一些房间里留下淡淡的清洁剂味道，可以确保你的另一半突然"自发"地想去清理和打扫那个房间，这样一来，就不必再和另一半争执家务该由谁做了。

如何挽救变淡的感情

若想挽救变淡的感情，就要多用点心，给你的另一半惊喜，打破窠臼模式，想想看他们真正想做的事情是什么，小心容易犯错的陷阱，其中之一就是情人节。情人节对很多人来说是一年当中最浪漫的一天，都会抱着很高的期望心理，所以你一定要格外小心。亚利桑那州立大学（Arizona State University）的凯瑟琳·摩斯（Katherine Morse）和史帝文·纽博格（Steven Neuberg）说过："伴侣的表现若不符合期待，就会很容易被拿来和其他许多显然符合期待的人做比较。"这些研究人员发现，情人节是关系破裂的大型催化剂。情侣和夫妻在情人节期间，比在其他类似节日更容易分手。问题就出在情人节时，每个人都会用批判想法去审视眼前的关系，如果那天的期待心理没被满足，他们就在情人节过后没多久选择结束关系。

你若想继续走下去，一定要给你的伴侣一些美好的惊喜。如果你们的关系已经有点动摇，务必要不嫌麻烦地在情人节当天亲自送上惊喜。不然下场可能很惨！

提示

●情人节对已经岌岌可危的感情来说是个地雷区，因为它会被借机拿来和其他人过的情人节做不利的比较。

●要想取悦你的伴侣，就要在情人节当天给对方惊喜，让对方开心，不然恐怕要遭殃了。

如何让你们的感情更好

有一个简单的方法可以让你与伴侣对话时，顺便增进感情，方法是腾出时间问他们今天过得如何。犹他大学（University of Utah）的安吉拉·希克斯（Angela Hicks）和莉萨·戴蒙（Lisa Diamond）就发现，做伴侣的若有机会聊聊一天下来的美好经验，心情会特别好（这是通过一种叫正负向情感量表〔Positive and Negative Affect Schedule〕的筛检测验所测量出来的）。希克斯和戴蒙的研究方式是，要实验对象连续二十一天写下日记，记录当天最棒的经验，还有他们有没有把这件事告诉另一半。然后他们会测量心情状态和包括心血管及神经内分泌反应在内的生理变化。结果发现，男性和女性在谈到一天下来的美好经历时，都有非常类似的模式。实验样本里的女性说，有 44% 的可能会公开那天最美好的经历，男性则是 42%。研究人员发现，对双方来说，公开说出当天最美好的经历，和一天终了时的正面情绪有很大关联。简而言之，把开心的消息说出来，会让说者和听者心情都好。这个研究报告的结论很简单：每天都要找时间听一听另一半遇到的开心事，这对你们两人都有帮助。

提示

- ●腾出时间问你的另一半今天过得如何。
- ●问问你的另一半，一天下来遇到过什么好事。
- ●这种简单的分享，可以让你们两个感觉更好，包括心理上和生理上的。

如何知道另一半是否在撒谎

想知道另一半是不是在撒谎，先别看他们的表情。人在撒谎时，面部会释出太多互相矛盾的信号。因为面部是最厉害的讯息传送器。有些心理学家说，人的面部表情多达两千种。可是因为我们随时都能掌握自己的面部在做什么表情，所以撒谎时，都会努力控制它，因此，这时你要看的反而是那双手。人们说话时，通常会不由自主和无意识地以手部动作来表达他们想说的话，而在撒谎时，手部的解说动作比例会降低。事实上，说谎者往往会把两手合起来，以免它们泄露太多——所以对话时，如果对方两手突然不再动作，你就要心生警惕，这时候，也只有在这时候，可以瞥一眼对方表情，寻找足以解答的蛛丝马迹，但是不要看着对方的眼睛。有些人以为眼睛是通往灵魂的大门，其实不然，对厉害的骗子来说，它是方便他们伪装的逃生大门。

提示

●绝无可靠的单一迹象能够百分百告诉我们对方是不是在撒谎，但倒是有些重要迹象可循。

●人在撒谎时，有时会有迹象显示他们正在设法编谎（停顿较久），还有说谎时会显得情绪不安（很细微的负面表情）。

●这些线索视谎言大小及谎言拆穿后所造成的伤害大小而定。谎撒得愈大，细微的负面情绪表情就愈有可能一闪而逝。

●人在撒谎时，往往会合起双手，以免不自觉地通过手部动作泄露秘密。

●不要盯着对方眼睛看他有没有撒谎。大部分的人说谎时（除了很没经验的撒谎者），都很懂得控制自己的眼神，因为他们知道对方一定会仔细看他们的眼睛。

Get the Edge:
How Simple Changes
Will Transform Your Life

你的人生，
只是缺少心理学

第七章

工　作

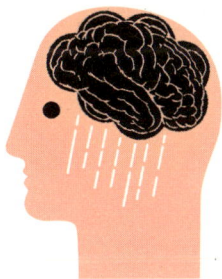

"只有借由工作，才会有健康的思维；只有通过思维，工作才会快乐。这两者互不可少。"

《威尼斯之石》(*The Stones of Venice*)，《歌德艺术的本质》第二点六节(*The Nature of Gothic*，一八五一~一八五三)，约翰·拉金斯 (John Ruskin)

如何有更大的视野

如果你正在着手一个计划，需要有"更大的视野"，不想专注在细枝末节上，可以去挑部还不错的 DVD，观赏其中快乐的片段。这种被诱出的正面情绪确实能影响你对周遭世界的认知处理方式，让你从一个比较宏观的角度去处理信息，对于眼前的作业任务，也能以更大的视野来快速轻松地着手进行。

这是密歇根大学芭芭拉·费德克森（Barbara Fredrickson）和克里斯廷·布兰尼根（Christine Branigan）在二零零五年通过研究证实的。一开始她们先提出一个心理学上的根本问题，那就是到底为什么我们会有正面情绪？快乐、欢喜、满足、平静的感觉或许很好，但是它们的用途究竟是什么？研究人员认为从进化角度来看，负面情绪（譬如愤怒、恐惧和焦虑）的功能用途非常清楚，它们会让你做好准备，展开像战或逃（fight or flilght）之类的行动。而这些都是你每天在生死间挣扎求生必须有的行动（以进化角度来说）。可是正面情绪的对应性功能是什么？费德克森和布兰尼根指出，我们其实并不清楚这答案，因为和正面情绪有关的行动并不像战或逃的反应，反而有点模糊和不够具体（譬如"行动自在"与"欢喜"；"无为"与"满足"），而且她们说正面情绪通常和自主（或身体）反应（autonomic response）的缺乏有关。不过她们有一个假设性直觉，那就是有"许多正面情绪会将个人的瞬间思考——动作功能（thought-action repertoires）予以扩大，促使他们追求比平常思维或行动还要广远的思想行动范畴（譬如游戏、探索、欣赏和整合）"。从进化角度来看，她们说之所以有这种作用，是因为与负面情绪有关的思考、行动模式，是在特定的险恶情况下发挥功能，至于"被扩大的正面情绪思考——行动功能则可能是为了未来长期的适应"。这种适应性（adaptability）的部分原因在于，它能建立起私人后援。在这里她们很小心地使用"后援"这两个字，因为这些都是你一生当中可用来改进你应变技巧的后援。她们举丹纳等人（Danner *et al.*）的研究为例，这个研究证实了，年轻时能把正面情绪发挥到极致的老修女们（当年她们发愿当修女时都很年轻），寿命比正面情绪少很多的人平均多出十年。换言之，正面情绪的经历和表现可影响个人的长寿。

　　但是有证据可以证明正面情绪的确会有效影响思考模式吗？这就是费德克森和布兰尼根要测试的。她们利用了一种内含三种图形的刺激物来做实验：上方是一个图形，下方印了两个图形作为比较。实验对象必须判断哪两个图形比较类似标准图形。实验者可以根据整体形状来判断（譬如标准图形就是一个三角形），也可以根据局部细节来判断（譬如这个图形是由许多小正方形组成）。研究人员认为实验对象愈强调整体形状，就愈能反映出实验对象的整体思考倾向，套句她们的话就是，这和注意面的扩大有关。

　　她们的第二个实验是开放式的二十条陈述性测验，实验对象必须为自己的情绪评分，然后写下二十种陈述，反映出他们当下想做的事，譬如我想……上床睡觉、做作业、去游泳、去散步、看老照片、找点乐子、拜访朋友、打人、大声求救或飞。

研究人员要求实验对象看一些短片（平均长度只有两分钟），借此改变他们的情绪状态，短片内容包括：**企鹅走得摇摇摆摆**（引人发噱）、**草原和河流**（平静）、**人们受到奚落和侮辱**（愤怒和厌恶）和**一件攀岩意外**（焦虑和恐惧）。

实验分析结果发现，正向情绪的影片（企鹅的影片和草原与河流的影片）会使观赏者的认知过程朝宏观倾斜，也就是说，实验对象看完这些影片后，会在图形刺激实验里，利用较大的特征来做比较（整体形状）。除此之外，看过这两部快乐影片的实验对象，在进行二十种开放式陈述测验时，会比看过负面影片的人要能写出更多反应。换言之，看过快乐影片的实验对象能以正确的心境去做很多不同的事，至于看过负面影片的实验对象（尤其是牵扯到奚落和侮辱的影片），想做的事情变得比较少。

这是第一次直接通过实验证明这个假设：正面情绪的确有某种进化功能，尤其和思考、行动功能有关。当你想办法让自己进入正向心境时，你会有更广的视野（不会局限在细节里），你会想去做更多事情。最棒的是，要进入这种心理状态，一点也不难。这些都只是两分钟的短片，但都很管用。所以下次如果你只能见树不见林，就找台 DVD 播放机，看部有趣的影片吧！

这个研究有趣的地方在于，它解决了一个心理学上的根本问题：正面情绪的进化意义究竟何在？当然这里的假设是，如果这些情绪没有进化的意义，它们就不可能进化到现在。研究人员做的只是去证实正向情绪似乎能扩大注意面，也扩大她们所谓的"思考、行动功能"。我对此研究的唯一质疑是她们所使用的实验任务。这种比较性的实验有个好处，那就是人们在做比较时，很容易就能分辨出可能出现的两种偏性，让你明确清楚地加以比较。可是万一碰到比较难用宽广的角度看出究竟时，又该怎么把它推论到其他作业任务里呢？要是你卡在某个作业任务里，没办法有更宽广的视野，那会发生什么事？那时候正向情绪还能发挥作用吗？至于第二个实验，也就是二十条陈述性测验，我们怎么知道实验对象看到南极企鹅的画面，或者高山、平原和河流的片段影片时，不会想到大自然及野外可以做的很多事情？换言之，我们怎么知道这不是因为实验对象的某些回忆受到这些画面的促发？不过一如往常，要研究心理学，就一定得先找出一个点开始着手。而且这个研究的结果显然很有趣，就应用性来说很有前景。所以下次当你被某件事卡住时，先休息两分钟，看部快乐的影片吧！这招或许值得一试。

> **提示**
>
> ●从进化的角度来说，我们之所以有正向情绪（譬如"欢喜""幸福"和"满足"），是为了让我们建立后援，必要时可以取用。
> ●正向情绪有助于我们活得久一点。
> ●在工作环境里，正向情绪有助于我们扩大视野。
> ●要避免自己陷在一些细枝末节里，可以先去看一部快乐的影片。

怎么知道自己事业会不会成功

如果你个性适合，很有可能会在事业上宏图大展。就这么简单，不过也不是那么简单。如果你是个乐观主义者，拥有乐观的性格，就是事业成功的最佳保证。好消息是乐观主义可以训练。乐观的人凡事会往好处想，不过从心理学的角度来看，最重要的一点是，乐观主义者得意时，会认为是自己很厉害，但不得意时，绝不会把错全揽在自己身上。他们似乎直觉认定人生的不得意是由很多因素造成（天时、地利、人和，再加上经济大环境），他们只是据实说出原因。说到顺境，他们不太会去分析（或认真推敲）（"当然啊，这计划很成功，当初就是我负责的！"）。所以如果你想把自己训练得乐观点，下次要是觉得好像又想把错往自己身上揽，千万得三思……告诉脑袋里那个小小的声音，这可能是别人的错。因为如果多想一点，就代表不会那么容易内化失败（internalize failure），且倒是能够随时准备内化成功（internalize success），尽情享受胜利的滋味！乐观主义者之所以事业表现突出是因为他们相信好事就要临头，这也是为什么他们会成功的原因。当别人打包回家时，他们还在继续奋斗。

所以如果你想知道你的事业能否成功，先反问自己有多乐观：

. 当你看见半杯水时，你是认为还有半杯水（**乐观主义者**），还是认为杯里的水已经少了一半（**悲观主义者**）？

. 你上次考试过关，是因为你知道自己很聪明，很会考试（**乐观主义者**），还是因为那次考试很简单，大家都考得不错（**悲观主义者**）？

. 上次你考试不及格，是因为那次考试很难（**乐观主义者**），还是因为你不够聪明？不擅长考试（**悲观主义者**）？

如果你天生想法不是那么乐观，一定要先好好想想你都是用什么方法来解释你平日的遭遇。你必须开始学会得意时，就不假思索地认定这是自己的功劳；不得意时，可能不是自己的问题，如此才能埋下乐观主义和事业成功的根基。

根据东北大学（Northeastern University）费德列克·克雷恩（Fredrick Crane）及其同事萨福克大学法律学院（Suffolk University Law School）

鄂林·克雷恩（Erinn Crane）的说法，创业家要成功，都得具备一个心理要素，而那就是这些研究人员口中所谓的"乐观性格"（dispositional optimism）。乐观主义是看待世界及万物起落的一种特别方法。乐观主义者相信不管自己身处在什么环境下，最后都会有好的结果（悲观主义者的想法完全相反）。乐观性格意味着有些人在个性上具有乐观主义，换言之，乐观主义就是他们抱持的一种基本信仰。从心理学的角度来看，成为乐观主义者的好处是，你会去尝试更困难的任务，而且绝不轻言放弃，因为你相信好运就快到了；反之，悲观主义者的想法完全相反，他们总是轻言放弃。如果说创业成功靠的不只是灵感，而是汗水，那么就攸关到你能不能长期坚持下去。所以说到事业成功，乐观主义者占了很大的优势。

两位克雷恩先生回顾了一些有关人格因素和成功创业的案例文献。他们引用金恩·奥韦尔（Kim Owens）的研究成果，因为他提到财务成就可以从一系列因素里看出端倪："目标设定、情绪复原力、自我推销的能力、社交网络，以及与工作有关的控制点（locus of control），这些都和财务表现及工作满意度有正面关联。"两位克雷恩先生从研究中发现，"乐观主义""工作伦理""活力""目标方向""资本"和"生意技巧"是成功创业家多半具有的六种特性。但其中最重要的是"工作伦理"和"乐观主义"，而乐观性格是里头最关键的条件。说得简单一点，不管你有多好的工作伦理，做事多卖力、活力有多充沛，目标方向多明确，手边有多少资金供你调度，或生意技巧多好，如果你不够乐观，身上就算有再好的装备仍会有缝隙，还不如考虑转行算了。

所以你要怎么知道自己是不是天生的乐观主义者？曾经针对人的成败归因做过研究的马汀·塞利格曼（Martin Seligman）设计了一套简单的方法。

每次遇到顺境，乐观主义者往往全归因于自己（他们对已经发生的事，会有所谓的"内化""稳定化""全面化"归因），他们会认定起因在于自己（内化），而且常常出现（稳定化），未来也一定会影响他们生活里的许多层面（全面化）。举例来说："这桩交易，我做对了决定，因为我是个聪明的家伙。"这里头的归因有实质的内化（都是因为我的关系）、稳定化（毕竟你不会突然就变笨）还有全面化（它会影响你生活的每个层面，或至少是多数层面）。但是当事情不顺时，乐观主义者不会内化失败的原因，他们会认为，这是别人的错或者是客观环境的问题。此外，他们也认为这种因素不会持久，所以不会影响未来的其他事情。他们会为这件倒霉事做出明确的归因，因此不会影响他们生活上的各个层面，譬如，"我没做成那笔交易，不过他们也准备好要跟我们协商了"就是所谓的外化（external）、不稳定化（unstable）和特定化（specific）。你不会把失败的原因怪到自己头上。

马汀·塞利格曼的研究成果之所以有趣，就在于他证明了所谓的"归因风格"（attributional style，这是指我们做的归因有一定的类型）是可以改变的。所以，如果你天生没有乐观性格，不必失望，只要多注意自己对成败归因的处理方式，而且要学会成功时把功劳归给自己（就像别人做的那样自然），不要认为失败是你的错，仔细想想其他可能原因：是不是别人害的？还是环境造成的？或是作业任务的问题？抑或别人和这个作业任务之间出现了问题？

如果你想要事业上成功，就必须好好想想自己的基本个性。你有乐观主义者的阳光型个性吗？他们总是相信最后结果一定是好的。如果你不乐观，要么就改变你的事业计划，要么就重新思考你日常的归因模式，因为它是乐观主义和悲观主义的认知基础。如果你在想法上和信仰上都开始像乐观主义者，那么任何事情在你眼中都大有可为。

两位克雷恩先生重新回顾了过去二十五年来成功创业的案例文献，试图找出成功的创业家和失败者之间的差别。他们认为在创业家的养成上，心理学扮演了重要的角色。我对这个研究的唯一疑虑在于，将单一心理特征孤立出来加以研究会有危险。很久以前，我写过一本书是关于撒切尔夫人主政时代下的英国创业家（Beattie）的，而即便在那时我就已经很清楚，虽然接受我访问的成功创业家当中，有许多都属于乐观主义者，不过那些抱着可笑点子不放的创业家也一样是乐观主义者。我很想告诉他们那些点子不可能成功，但他们就是很乐观，相信一定可以。其中有些人坚持追梦，一追就是好多年。他们其实需要一点务实的观念来制衡自己的乐观主义。要想区分出谁才是真正成功的创业家，就得确定对方是不是具有这种评估能力（appraisal skill）（除了乐观主义以外）。显然乐观主义或许是创业成功的必要元素（因为在困境中坚持下去是很重要的），但光靠它还不够。我们或许可以训练自己保持乐观，但若要让自己务实一点，懂得退后一步，客观评估创新的点子，这部分的技能也可以训练出来吗？

提示

●如果你是个乐观主义者，事业上就会成功，因为遇到困境也会坚持下去（悲观主义者往往轻言放弃）。

●乐观主义有一定的思考模式，因此可以训练出来。

●如果你天生不是个乐观主义者，就必须学会质疑你脑袋里的声音，因为它把错都怪到你头上（悲观主义者的主要特征之一）。

如何更有效地着手某项计划

如果你已经有好几天或好几个礼拜的时间都在从事某项计划，那么当你谈到工作进度时，一定要小心自己的说话方式。如果你要告诉同事你目前的进度，千万要用未完成时，不要用已完成的过去时：

未完成时	已完成的过去时
"我还在规划所有选项。"	"我规划了所有选项。"
"我还在决定今后的最佳对策。"	"我决定了今后的最佳对策。"
"我还在想替代方案。"	"我想好了替代方案。"

这么做的理由是，虽然我们有时候认为两边的动词一样，但大脑会认出已完成的过去时，譬如"规划了""决定了""想了"。至于未完成时："还在规划""还在决定""还在想"则代表事情可能还没做完。未完成的时态会让我们的脑袋处于随时准备就绪的状态，想要完成这个计划。它会增进我们对眼前作业的记忆，让我们随时准备重新投入工作，也帮助我们守住这项计划的核心思想。

佛州大学的威廉·哈特（William Hart）和伊利诺伊大学香槟分校的多罗斯·艾巴洛森（Dolores Albarracin）就针对这个领域展开研究调查。他们的基本论点是，思想和行为有密切关联，而我们对行动和事件的形容说法可能会影响我们的行为。于是他们做了实验，要求实验对象利用上述时态的其中一种来谈论事件。

未完成时	已完成的过去时
"我还在走。"	"我走过了。"
"我还在做。"	"我做好了。"
"我还在工作。"	"我工作完了。"

　　未完成时和已完成的过去时这两者间的关键差异就在于，未完成（我还在工作）代表的是过去的行动还在进行，没有结束；而已完成的过去时（我工作完了）代表的是过去的行动已经完成。但我们经常没有想太多就混用它们。譬如"昨天我还在做一个计划，当时进行得很顺利，就在我要完成的时候，门铃响了"，或者"昨天我做完了一个计划，过程很顺利，我才刚完成，门铃就响了"。哈特和艾巴洛森说："虽然乍看之下，这两者的差别似乎不是很重要，但我们还是认为时态的选择会影响人对行为描述的记忆，也会影响后续重新行动的意愿。"研究人员要测试的概念是，未完成时（因为它代表行动还没结束）会促进当事人对行动认知的记忆。他们的实验方法是，要求实验对象写一篇反黑人刻板印象的文章，时态不是用已完成的过去时，就是用未完成时。然后再分析文中时态的运用有没有影响他们后来对黑人刻板印象的看法。结果发现时态的确会影响这些看法，以未完成时写文章的人，对黑人比较不会太苛求。在第二个实验里，研究人员要求实验对象做换音造词练习，可是练习过程中以"时间有限"为由不停打断他们。接下来实验对象被要求以未完成时或已完成的过去时，写下他们正在做的事情，以及他们对换音造词测验的记忆内容。此外，也测量了他们继续接受测验的意愿程度。结果特别的是，以未完成时写下测验经过的实验对象都比较愿意再继续进行测

验，并且比那些用已完成时进行记录的实验对象，对测验内容拥有更完整的记忆。换言之，只要改变你用来形容自己行为的动词时态，就能影响你后续的行为、你对行为内容的记忆，甚至（以黑人刻板印象实验为例）影响你的基本信仰。这显然证明了心理学长久以来一直在谈论的一个概念，亦即所谓的"语言相关性假说"（linguistic relativity hypothesis）。这个假说背后的论点是：我们所使用的语言可以影响我们的思想本质和模式。而这些研究人员证实了像时态这种无关紧要的东西，也会大大影响人的思想与行为，套句研究人员的话："用时貌标志（aspect marker）把经验描述成正在进行的动作，而非已经完成的动作，可以促进当事人对行动内容的记忆，并提升后来继续行动的意愿。"

语言相对性假说已经出现好一阵子，它的说法是，语言符号的存在可以影响你日常生活中的识别力，而最常引用的例子之一是阿拉斯加的因纽特语（Inuit）。"雪"在这种语言里有很多说法，他们声称是因为他们用了很多语言标志在里头，所以他们能够区分出各种不同的"雪"。但这个论点的争议在于，你也可以反过来解释：在因纽特语的世界里，因为雪的种类很重要，有必要在感知上做区别，所以才有了这么多样化的语言标志。哈特和艾巴洛森的研究，带领我们超越了这个推理里头的鸡生蛋或蛋生鸡问题，证明了语言形式的时态，也就是动词时态，的确会对人的思考、行动和记忆产生影响。当然关于动词时态这部分，它之所以有意思是因为，我们通常认为这部分不重要，然而这里的论述告诉了我们，未完成时代表行动还没结束，所以会促发我们的脑袋为未来行动做好准备。如果用的是已完成的时态，就代表行动已经结束，我们的脑袋似乎会很容易地把这件事抛到脑后。

提示

● 我们使用的语言和文字，可以影响我们脑袋的思考和活动。

● 看起来好像没什么差别的用词，却可能对我们的大脑造成不同影响。

● 当你正在进行一项还在作业中的计划时请使用未完成时来形容你目前的工作（我还在规划所有选项），不要用已完成的过去时（我规划了所有选项）。

● 未完成时会让我们的脑袋处于一种随时准备再行动的状态。

如何让别人不忘记你刚说过的话

如果你想要别人清楚记住你刚说过的话，记得说话时一定要腾出手，让它做出自发性的手势。这些手势会展现出各种意义模式，说明你话里的意义。此外，辅佐性手势也意味着听者会同时接收到形式不同但意义类似的讯息——而这也代表此讯息会以两种不同方式储存在他们的记忆里，所以比较容易被唤回。

别忘了，大家都知道有一种可以用来记住日常信息的著名技巧，那就是如果你想记住什么东西，就在脑袋里设计出它们的影像。所以如果你想记住以下对象，譬如：**椅子、香蕉、照片、男孩**和**帽子**，那么可以想象有个男孩戴了顶帽子，拿着根香蕉，坐在椅子上，背景有幅照片，然后你就能记住了。这种把不同对象绑在一起的视觉画面，可以帮你唤回对个别对象的记忆，所以在日常生活里借由手部动作的比画（包括自发性和下意识的动作），将有助于别人记住你说话的内容。

如果你正要做一篇重要的演说，而且有充裕的时间规划你的演说内容，你可以好好计划，甚至（在某种程度上）编排一些手势动作，使听众更能领悟你要表达的意思，加深他们对你的演说内容的记忆。手势的选择要小心，并且手势动作要密切配合演说内容。譬如你有一篇和目前经济危机有关的演说，你认为我们其实并不了解经济危机背后的所有成因，于是你可能会说："要了解经济衰退背后的关键因素，对我们来说目前仍有很大的鸿沟。"这时如果你希望听众能真正听懂你的意思，而且会记住我们对此事的理解仍有很大的鸿沟，那么在提到"鸿沟"二字时，记得把双手拉得很开。这样一来，听众便会记住这鸿沟很大，因为他们听到了（很大的鸿沟），也看到了（它的手势比画方式，而这是在演说时下意识里比画出来的手势）。此外，由于这些动作通常是边说边不自觉地比画出来（我们通常不太知道我们的手正在比画什么），所以它们在沟通上是个利器——因为当人们在说话时做出手势时，我们就知道他们不是说假的。然而，这些手势动作的出现时机十分重要，我们必须让动作和演说的高潮同时发生。意思是说，动作开始的起点必须比说话内容的那个高潮点早一点点，这样一来，手才能配合说话内容的高潮点在关键时刻做出动作。因此，如果你打算说："要了解经济衰退背后的关键因素，对我们来说目前（A 点）仍有（B 点）很大的鸿沟（C 点）。"你的双手就要在 A 点开始移向胸部位置，然后在 B 点出现时开始拉开两手的距离，直到出现 C 点才停止手部动作。

倘若你觉得这种方法有点难，可以先观察别人日常生活里是怎么比画手势的。你就会发现，手势多半出现在句子前面一点的地方。所以说，如果你想通过手势来有效地传达信息，就得先成为人类行为观察家。有些政治人物喜欢在演说里靠手势来传达政治理念，不过他们显然都不是什么够格的人类行为观察家，因为他们比画手势的时机往往抓得很糟。不过它的潜在好处不容小觑，因为只要在说话内容和手势里放进同样的讯息，就能做到最清楚的传达，而且让对方不容易忘记。

我曾和也在曼彻斯特大学任职的希乐·薛佛顿（Heather Shovelton）针对这个主题做过研究。我们注意到人在说话时，常会不由自主地移动双手，而且这些手势都是在描绘和说话内容有关的图像。手部动作通常是在下意识里产生，传达的内容基本上与话里的内容相仿，有时候甚至一模一样，偶尔还会增加一些新的重要内容。举个简单例子来说，如果有人正在形容他看见朋友在冰上滑行，他可能会说："他沿着人行道滑行。"随之而来的手势会配合说话内容，表现出滑行的动作，但除此之外，还会表现出滑行的速度和方向（但在话里并没有提到）。有研究显示，如果听众除了听见演讲内容之外，还看见自发性动作，就会对那个被描述的事件有更多的认识。

所以这些手势是有意义的。除此之外，它们也有别的功能：它们可以帮你记住那些被说出来的内容，因为这些讯息是以口语代码（说话）和影像代码（手势）来同时呈现。这也是我和希乐·薛佛顿研究的主题。我们为一系列产品（假期、汽车、手机）设计了一些照稿念的讯息（以广告形式呈现），并编排适当的手势来配合演说。其中一组实验对象看到的是广告加演说，另一组看到的是广告加适当的手势，第三组则只能读到广告内容。看见广告加演说和手势的人，对产品信息会有比较多的认识，记忆的留存时间也比较久（就某些主要讯息来说，就算经过三个月后，也只遗忘了一小部分而已）。

在另一个研究调查里（为某新鲜果汁饮料"F"所做的研究），我们制作了一部传播用的标准电视广告，借此比较某些手势及广告主惯用的传统影像这两者的效果。我们把重点放在三个希望能传送出去（或者说被观众记住）的主要讯息上：这个饮料用的水果原料都**很新鲜**；这个饮料**众人皆宜**；它的瓶身**很小**。为了设计出代表果汁内含物的手势动作，我们研究了人们平日形容这类东西时，会出现什么样的自发性和下意识的手势（我们必须先研究，因为没有字典可供你查阅这些自发性动作）。大部分人在比**新鲜**的手势时，都是先把手拳起来，再很快放开。至于形容**众人**的手势则是用一个横扫的大动作，而形容小的手势则很容易比画：双手合拢，维持六寸左右的距离，表现出瓶子的实际尺寸。对照性的传统影像则由广告公司设计（以多汁的水果切片来代表**新鲜**；用太阳状的标题"哇，大家都在喝！"来表示**众人**；至于**小**瓶装，则是以单手握住真正的瓶子来表现）。结果我们发现就沟通和记忆来说，意象派手势再度占了优势，因为它可以把你想沟通的重要讯息单独挑出来处理。因此，当这个讯息里的重点是这种新的饮料，"每一个小瓶子都含有五份水果"时，伴随而来的手势会比出瓶子尺寸，于是大家的注意力都被引到瓶子尺寸这个重点上。至于借由单手握住真正的瓶子来表现尺寸的对照组影像，也同时会释放出其他讯息（瓶子颜色、质感和形状等），于是可能分散了大家对主要讯息的注意。

所以如果你想要别人更了解和清楚记住你说过的话，一定要腾出手来，让它们自由地比画。如果你有充裕的时间去思考和规划某个重要讯息，或许可以在描述的过程里加进手势。边说话边比画手势，意味着你说的内容能同时以言语和影像形式进行储存，这对记忆很有帮助。

提示

●边说话边腾出手来比画，可以帮助对方记住你刚说过的话。

●手势是以视觉代码来代替说话内容的，它可以强化以语言代码说出来的内容。

●如果是以两种代码同时储存，我们通常会记得比较牢。

●如果你要发表重要演说，记得为演说里的关键内容配上同步手势。这样一来，同样的基本讯息就能同时以视觉和语言代码的方式被吸收，变得更好记。

如何让一天有好的开始

如果你想让一天有好的开始，记得要以谷片和咖啡（或茶）当早餐，因为早餐可以帮助你工作更有效率。谷片可以增进记忆（尤其是空间性记忆），至于咖啡因则能让你更快和更有效率地处理信息。吃早餐的另一个好处是，它可以让你有好心情。我们都知道，人心情好的时候就会设下更高的工作目标。有吃早餐习惯的人通常不会太沮丧，心情不会很低落，此外，和没有吃早餐习惯的人比起来，他们的知觉压力（perceived stress）程度比较低。

这些主张都是有研究根据的，这个研究的执行者是布里斯托大学（University of Bristol）的安德鲁·史密斯（Andrew Smith）和他的同事。根据他们的研究，谷片和咖啡对心理功能的影响很大。以前有研究曾证实，早餐可以有效改善记忆，因为它可以促使葡萄糖进入大脑。另一方面来说，咖啡似乎对记忆没有多大帮助，但是对注意力的广度（attention span）有很大影响。过去也有研究证实，咖啡因会加速新进信息的处理。早餐谷片除了对葡萄糖进入大脑的速度有影响之外，现在也有研究证实它能提振心情，因为它会影响到大脑里的血清素。所以当史密斯开始研究时，市面上其实已经有相当多证据显示，以谷片和咖啡当早餐的确能影响人的心理功能层面。但是他想确定究竟有哪些心理功能会受到影响。他的研究调查的不同之处在于，他的实验模式阐明了人类记忆的各种基本元素，从中可以看出哪些部分会受到影响。为此他进行了各式各样的测验，譬如"依序回忆法"（serial recall，计算机屏幕上会出现八个数字，一次出现一个，实验对象必须依照出现的次序写下来）和"空间回忆法"（spatial memory，实验对象会看到连续出现的光，他们必须记住空间配置上的顺序），此外还要评量心情和血压。他的分析报告显示出，早餐的谷片对记忆有很大的功效，尤其是空间上的记忆。咖啡因不会影响记忆的成效，但如果是和注意力有关的测验，咖啡因就会对反应时间造成很大影响。此外，早餐也对心情状态的改进有帮助，譬如"冷静"的情绪。其他研究人员发现，经常以谷片当早餐的人，皮质醇（cortisol）的分泌量比较低（对压力来说是好的指标）。没错，概括来说，史密斯的结论是："和不常吃谷片当早餐的人比起来，每天吃谷片当早餐的人不会很沮丧，情绪不会很低落，认知压力程度也比较低。"很特别的一点是，英国最近调查了一般人一早起来的习惯，结果发现很多人都略过早餐。研究显示有33%的人不在家吃早餐，以年龄十八岁到二十五岁的年轻受访者来说，有42%的人不在家吃早餐。对这群年轻人来说，一早起来的优先待做事项当中，早餐排在做头发和冲澡或泡澡的后面；而且在这个样本里，有几近同样比例的年轻人会选择在早上看电视而不是吃早餐。主要理由包括有人说早上不觉得饿（33%）；有人说时间不够（27%）；也有人说他们就是不想烦早餐的事（13%）。当他们被问到如果早上多出十五分钟的时间给他们，他们会做什么时，40%的人说他们会赖床，而在年轻人里头则有53%有此答案。此外，在这个样本里有47%的人说，他们都是单独吃早餐。所以对很多英国人来说，早上的例行工作似乎都以外表为主。还有很多受访者说，他们得花四十五分钟到一小时的时间来打理外表。

但是从心理学的角度来看，这些优先待做的事情似乎完全弄错了方向。讯息已经很清楚，会让你感觉不错的东西才真正对你有益。如果你吃早餐，你会觉得比较舒服，工作起来比较有效率，比较没压力，不会那么沮丧，心情普遍较好。

提示

- ●永远都要吃早餐。
- ●早餐吃谷片可以增进空间记忆力。
- ●咖啡因可以增进注意力。
- ●早餐可以改善心情。
- ●有了好心情，才会设定更高的工作目标。
- ●别再一早看电视，也别再多赖床十五分钟，腾点时间给早餐吧！

如何训练自己对工作任务抱持不懈态度

如果你想在某工作任务中坚持下去，有件简单的事情可以做：在工作任务开始之前，先双手抱胸。研究显示，双手抱胸不只有自我防卫的含义，它也和坚持不懈的态度有关。然而肢体动作不只会反映潜在的心理状态，也会对心理状态造成影响。这一点在一些领域里已经获得证实。换言之，要求人们做出某种行为，似乎能影响到当事人的潜在态度和情绪。如果你要求有某工作任务的人双手抱胸，就会影响到他们对此工作任务的坚持不懈态度。除此之外，也会影响到他们的工作效率。双手抱胸和对工作抱着坚持不懈的态度，这两者在下意识里是有关联的，其中一个出现，就会自然启动另一个。所以如果你想坚持下去，将眼前的工作任务有始有终地完成，就要训练自己双手抱胸，让你的下意识联想（unconscious associations）来接管工作。

美国罗彻斯特大学（University of Rochester）的罗恩·弗莱曼（Ron Friedman）和安德鲁·伊利特（Andrew Elliot）研究了坚持力（persistence）这个特质。他们做了两个实验，让实验对象在实验里做英文字母的换音造词练习。他们先给实验对象一些很容易解的换音造词题目（你自己可以试试看）：

WODN 和 TOBOR

然后又给了一个绝对无解的换音造词题目（你可以尽量解解看）：

OCHERSTE

实验对象被告知他们需要多少时间都可以。而其中一种情境是，实验对象被告知解题之前，必须先双手抱胸；另一种情境则是，实验对象被告知把双手垂下来贴在大腿上。研究人员想知道这些实验对象会坚持多久。他们发现解题前被告知双手抱胸的人平均坚持了五十四秒，至于处于另一种情境的人则坚持不到三十秒。在第二个实验里，心理学家研究了双手抱胸对任务的成功有多大影响。这一次他们只使用可以解得出来的换音造词题目。结果再一次发现，解题前双手抱胸的人比解题前没有双手抱胸的人坚持得久，而且解题数目也比较多。

这背后的心理学原理是双手抱胸是一种"本体感受线索"（propriocep-tive cue），它的"作用就像一种潜在主观经验的具体彰显"。每个人都知道我们内心的感受会影响我们的行为，但也知道我们的行为本身会影响我们的主观经验。譬如查尔斯·达尔文（Charles Darwin）曾推测，一个人的情绪性表意行动（emotionally expressive movement）会对他或她的潜在情绪状态造成影响。这个论点曾被史泰普和史崔克（Stepper and Strack）以实验证实过，他们要求实验对象在进行某作业任务时必须皱眉或者微笑。结果发现那些皱眉的人会对作业任务放进更多心力（皱眉当然和全力以赴有关联）。更不可思议的是，韦尔斯和佩帝（Wells and Petty）曾要求实验对象在听一段录音时垂直点头或水平摇头，结果发现，被要求点头的人都比较同意录音里的内容。换言之，我们会从自己的肢体取得反馈，进而影响我们的主观经验。这个发现给了弗莱曼和伊利特的研究一些理论基础，他们的假设是，虽然有时候双手抱胸会使人产生自我防卫的联想，但在其他情况下，它代表的是"一种不屈的态度"。套句研究人员的话："会发生双手抱胸的情况，往往是有人正努力想要解决问题或完成作业任务，他们下定决心打拼到底，直到问题圆满解决或任务圆满达成为止。这种印象于是日积月累，若在努力有成的场景里做出双手抱胸的动作，遂被认为是坚持不懈的行为象征。久而久之，若是目标在望时能做出双手抱胸的动作，势必能促发锲而不舍的行为趋向，而且这种行为的发生都是在毫无察觉或非蓄意的情况下。"这正是他们的发现，而且他们也找到明确的证据证明，只要在工作任务开始之前先双手抱胸，就代表你一定会坚持得更久、表现得更好。

从很多方面来看，这结果很令人意外，毕竟双手抱胸似乎会受到不同心理和情绪状态的影响，但又好像真的和自我防卫及坚持不懈等态度有关。这些研究结果的通用性究竟能到什么程度？举例来说，如果有人要求你参加某项测验，可是你对这个人很反感，于是你双手抱胸，这动作会让你在测验时更加努力不懈吗？还是同样的动作（双手抱胸）却会带来另一种迥然不同的主观经验状态，譬如敌意？

如何在新的工作岗位上充分发挥所长

如果你想在新的工作岗位上充分发挥所长，必须先认清生活环境的任何改变，都会连带影响你的情绪，有时甚至与你的想法相冲突。任何工作异动一开始都是先使你出现兴奋的心情，但表面下却潜藏着各种焦虑与不安。最好的处理方法是坐下来，花二十分钟把这次异动所带给"你的最深感触与想法"写下来。连续三天，每天花二十分钟写。这不仅会改善你的整体情绪，似乎也能对心智处理过程（mental processing）的某种核心元素有直接影响，也就是所谓的工作记忆容量（working memory capacity）。这表示你将能够更有效率地处理和储存信息，新工作做起来才会更有成效。你现在要做的只是先把所有思绪和情绪捆在一起，防止它们乱窜，才能腾出更多认知资源（cognitive resources）来处理手边的工作。

刚接下新工作时，效率是很重要的，但有时候因为想法上的冲突而造成情绪上的困惑，这时效率就很难兼顾。北卡罗来纳州立大学（North Carolina State University）的吉蒂·克雷恩（Kitty Klein）和安吉尔·包尔斯（Andriel Boals）把工作记忆（working memory）当成是一种处理棘手转折时所用到的工具来研究。工作记忆就是信息的处理和储存能力，这种处理需要启动大脑里一个叫作"前额叶皮质"的部位才行。然而工作记忆是所有心智作业的核心元素，它必须尽量争取有限的资源，毕竟大脑里随时会有其他思绪占用资源，因此，克雷恩和包尔斯提出了一个改善工作记忆的方法，那就是先处理掉那些会在人生重大转折期间普遍出现的思绪和念头。他们建议我们先把这段转折写下来，做成连贯且有条理的叙述："从层出不穷的思绪转移到单一事件的心理模式，得到的结果是以较少的资源便能达到抑制的效果，进而腾出更多资源供其他工作记忆使用。"

研究人员找来才当了一学期的大学新人，要求他们写下"对于上大学的最深感触与想法"。他们得在两个礼拜内分三次写作课来写，每次二十分钟。学生们必须用这个方法写下自己的想法与感触，这样一来才能"把它们全部捆绑在一起"，但对照组的学生则必须"写下那天他们做过的每一件事，还有他们要怎么改善做法"。研究人员所使用的工作记忆测量法，是由一些四则运算组成，后面再接上文字记忆广度（word memory span）的作业练习。研究人员发现，要求学生把进大学后的转折心情写下来，能有效改善他们的工作记忆容量，而且在工作记忆的分数上显示出长足进步的学生，在大学里的测验成绩也都得到最高分。此外，他们也发现，在文章中大量使用内省字眼的学生，工作记忆的分数也往往进步最多。在第二个研究调查里，研究人员发现，那些写出负面经验的实验对象，脑袋里的侵入性思绪数量正在明显降低。

换言之，把重大事件写下来，会对我们的记忆和思考效率产生很大影响。我们从其他研究里得知，把负面事件的经验写下来，对心理和生理健康都有帮助。而这个研究则告诉了我们这个机制的可能位置。讨人厌的侵入性思绪会影响工作记忆，进而某种程度地干扰问题的解决，就连应变反应（coping response）都不太能施展。写下进大学后的心情转折（还有和这心情转折有关的思乡、孤单和学习困难等情绪），意味着所有东西全被绑成一个连贯的故事，容易被理解，也比较好抑制。在两个礼拜的时间内写下三篇短文，似乎对工作记忆有某种程度的影响——它意味着你将工作得更有效率，更能享受大学生活。可是这个理论并不局限于大学生，任何工作或职业的转换都会对情绪和想法造成纷扰，所以可以靠同样的方法来解决。

提示

●要在新的工作岗位上做最充分的发挥，就要先认清一定会有负面情绪随着新工作而来，但这不代表你是软弱的。

●要在新的工作岗位上工作得更有效率，可以先写下你对这次异动的感触与想法（包括负面情绪）。

●这个写作过程会把所有问题绑在一起，让你觉得好过一点。除此之外，它也能改善工作记忆，让你在工作上变得更有效率。

如何在二十秒内提升一个人的自信

高度的自信心是生活里一个重要特质。如果你对自己很有信心，就不会因为受到批评而感到泄气。如果你很有自信，就算事情不太顺利，你也比较愿意坚持下去，因为你知道最后一定能成功。但是自信程度是早就固定还是可以改变？如果可以改变，要怎么改变呢？若想改变人们打从心底对自我的看法，方法似乎是，每当他们使用"我"这个字眼时，就配上正向的字眼或正向的非言语表情。每当有人谈起自己时，务必给予正向响应。正向响应可以是言语上的（譬如"好棒哦"或"做得好"），也可以是非言语上的（微笑或点头）。我们现在知道内隐性自信心（implicit self-esteem）可以通过这种简单的制约技巧来增进，而且要在意识察觉不到的情况下进行。回应做得愈细腻，效果愈好。

在日常生活里表现出高度自信是很重要的，因为我们都知道如果你很看好自己，就会变得很开心，自然有益于心理健康。有高度自信的人对于日常生活里遇到的批评比较不会那么在意，他们面对工作任务时，也比较能坚持下去。多年来，心理学家研究的都是意识上察觉得到的外显性自信心（explicit self-esteem），也就是我们是如何自觉性地反省自己，但最近几年，心理学家开始研究内隐性（或下意识）自信心，这种自信心不会被自我反省影响，但它却是我们日常社交生活的基础所在。衡量内隐性自信心的好处是，它不像外显性自信心那样受制于成见。毕竟也许别人会告诉你，他们觉得自己很不赖，但我们怎么知道，他们的内心深处是否也这样认为？我们怎么知道他们是不是假装自己很勇敢？

心理学家已经开始利用我们先前看过的内隐联结测验（简称IAT），这种测验可以测出人们能否把自我或非自我相关字眼，与正面或负面评价字眼配对成组。它的理论根据是，愈能把自我相关字眼和代表"好"的字眼联想在一起（你的自信心愈好），就能愈快在计算机测验里将它们联结起来，失误自然也较少。另一个曾用过的内隐性自信心衡量法叫首字母偏好测验（initial-preference task，简称IPT）。这个测验的开发者和创造者是纳丁（Nuttin）。IPT的理论根据是，一般人在做字母评比时，通常会对出现在自己名字里的字母较有好感。尤其是做首字母评比时，这个现象格外明显。具有高度自信的人会对出现在名字里的字母，以及首字母特别有好感（可是意识上察觉不到），因此可借机衡量出他们的内隐性自信心。但真正的问题在于，我们可以改变一个人的自信心吗？

阿姆斯特丹大学（University of Amsterdam）的艾柏·迪克司特修斯

（Ap Dijksterhuis）以此作为研究主题。他引进传统的制约法来启动这种改变。他在计算机屏幕上秀出"我"（荷兰语叫"ik"），后面再紧接着出现一个具有正面特质的字眼，譬如**正派、很聪明**和**很热诚**，这是用来提升内隐性自信心的一种方法。实验对象被告知这是一种心理作业练习，他们必须判断眼前的一串字母是不是单字，不过这是在"我"和正面特质字眼也会成对出现的情境下。实验前后，实验对象都要进行IPT测验，结果发现当"我"和正面字眼成对出现时，IPT的分数进步良多。换言之，这个简单的方法似乎提升了他们的自信程度。在另一个实验里，研究人员证实了如果改用IAT，也会得到同样的效果，而且令人惊讶的是，即便"我"和正面相关字眼（"正派""很聪明"和"很热诚"）仅以十七毫秒的速度一闪而逝，还是具有一样的效果。事实上，这种闪现速度根本低于实验对象的意识察觉范围。其中一位实验对象说"她在语汇判断练习时，曾看到屏幕闪了几下，但没说她看到什么字"。

不管实验对象一开始的自信心是高是低，这种基本的制约方法都很有效。研究人员曾拿假的智力测验结果给实验对象看，很不客气地故意打击他们的自信，结果发现，即便实验对象的自信受到负面反馈的打击，制约技巧一样管用。

在最后一组实验里，研究人员测试了高度自信心对其他行为层面的影响。研究人员推测自信心高的好处是，它给了你足够抵挡批评的保护伞，也意味你在面对各种任务时，会比别人更能坚持下去。所以这一次研究人员先通过制约，抬高实验对象的自信心，再给他们负面反馈，并给予他们机会从事其他或许可能重建他们自信的作业任务。结果发现，内隐性自信心在制约下被提高的实验对象，心情并不受负面反馈的影响。换言之，这些人对自己的感觉良好到就算告诉他们某件差事做得很糟，其心情状态依旧不受影响。当他们收到负面反馈时，由于自信心已经获得提升，所以即便给他们新的作业任务，他们也能坚持得很久。

这组实验结果极具鼓舞性，它告诉我们有方法可以改善内隐性自信心。自信心的提高对我们很有帮助，它可以像缓冲器一样帮我们挡住外界批评，让我们专心在手边工作上。这里还有一个实验细节得说清楚，那就是制约只需要花二十五秒便能完成。因此，实际上你花不到半分钟的时间，就能帮别人提升自信心（至少是暂时的）。

这套出色的研究提醒我们，可以在极短的时间内帮别人提升自信。研究人员利用了两种不同的内隐性自信心衡量法，而这两种方法都曾被其他研究验证过，所以看起来算是很可靠的自信心指标。但这个研究唯一的缺点是，我们无从得知它的效果能持续多久。研究人员都是在制约后立刻测试自信心程度的变化，但问题是，这种被拉抬起来的自信能持续几分钟？几天？几个礼拜还是几个月？目前尚无答案。

提示

●人的内隐性自信心不是一成不变的，它可以在极短时间内改变。

●你可以利用制约技巧，在对方意识察觉不到的情况下提升他或她的内隐性自信心。

●要提升自信，可以趁对方谈到自己时，回以点头和微笑。

Get the Edge:
How Simple Changes
Will Transform Your Life

你的人生，
只是缺少心理学

第八章

面　试

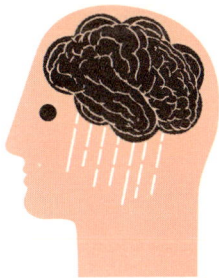

"一个愿意工作却找不到工作的人，恐怕是财富不均被摊在阳光下的一幅最悲惨景象。"

《护宪运动》第四章（*Chartism*），作者：托马斯·卡莱尔（Thomas Carlyle）

如何不开口就看起来很聪明

如果你希望和别人初次见面时，一眼看上去就是很聪明的样子（譬如应征工作时），千万记住一定要自然地微笑。如果想再多点胜之不武的优势，投资点钱买副蓝色的隐形眼镜吧！我们总是认为蓝眼睛的人较具吸引力，而且令人惊讶的是，甚至认为他们比其他眼珠颜色的人聪明。此外，我们也认为脸上挂着迪歇纳笑容（第二章讨论过）的人较具吸引力，也较友善和聪明。如果把蓝色眼睛和迪歇纳笑容加在一起，胜券更是在握。为什么有蓝眼睛的人被认为比较聪明？这不太合理。探究其原因，是我们觉得这种眼睛很迷人，于是把其他正面特质都加诸在有蓝眼睛的人身上。而且当我们看见对方脸上挂着自然的笑容时，很难不回以同样的笑容。这种情绪表现会影响我们的内在感受，令我们感到自在舒服，于是就把更多正面特质加诸在对方身上。

二零零二年，希乐·薛佛顿和我调查了眼睛颜色和面部表情会如何影响人与人之间的认知。我们从以前的研究里得知，眼睛颜色是社交互动里的一个重要面向。举例来说，林恩和修加特（Lynn and Shurgot）分析了俄亥俄州某单身杂志里的三百九十五则广告，结果发现，其中一百七十三则的内容都和当事人的头发和眼睛颜色有关。贾克比和凯许（Jacobi and Cash）研究了人们想从伴侣身上找到的理想外表，结果发现一个倾向，那就是他们希望伴侣的眼睛颜色和自己的类似（不过男女双方都认为异性会较偏好蓝色眼睛），所以才会有研究说眼睛颜色很重要。可是眼睛的颜色究竟会如何影响人的判断力（譬如对社交能力和智慧的判断）？在心理学中，有时候我们会有所谓的"光环效应"（halo effect）：当某样东西看起来很正面时，便会影响对其他东西的判断，但其实这些东西一点关联也没有。所以，如果有人认为蓝色眼睛最吸引人，也会连带影响他们对其他属性的判断吗？譬如聪明才智和社交能力？

同样道理也适用于面部表情吗？麦可·卡尼汉（Michael Cunningham）及卡尼汉、安妮塔·巴比和卡罗琳·帕克（Cunningham, Anita Barbe and Carolyn Pike）发现，一般人认为，笑脸比不带笑的脸较具吸引力。

我们的实验方法是，找四个人戴上不同颜色的隐形眼镜：蓝色、棕色、绿色和无色，然后拍下面无表情或带笑表情的照片。我们使用各种方法（譬如说笑话给他们听）让他们展颜而笑，就因为我们要的是真心的笑容，或称之为迪歇纳笑容，所以最终我们好不容易才办到。我们总共制作出三十二种刺激因子，亦即三种不同颜色的隐形眼镜外加一种天生的眼睛颜色，而每种眼睛颜色都有带笑表情及面无表情两种样子。我们利用幻灯片将这三十二张照片秀给一组法官看，要求他们根据以下三种标准来评比每张照片：**吸引力**、**社交能力**和**聪明才智**。最后出来的结果在很多方面都令人吃惊。眼睛颜色的确会影响人对吸引力的判断。男法官和女法官一致认为，蓝眼睛的照片最吸引人。此外我们也发现，男女法官都认为笑脸比面无表情来得有吸引力。至于对社交能力的判断，并不会被眼睛颜色影响，但会被面部表情影响——笑脸被认为比面无表情来得较具社交能力。但奇特的是，眼睛颜色竟然会影响法官对聪明才智的判断！男女法官都倾向于认定，照片里有蓝色眼睛的人最聪明：女法官认为，只要眼睛是蓝的，不管男女都最聪明；男法官则认为，蓝眼睛的男性最聪明（男法官只有在蓝眼睛的女性展现笑脸时，才认为她们最聪明）。

所以我们在这里似乎可以嗅到某种光环效应：蓝眼睛被认为最具吸引力和比较聪明。此外我们也发现，男女法官都认为笑脸比面无表情看起来聪明，这一样也是光环效应。

所以这里学到的一课是，如果你想在别人面前留下聪明的第一印象，就投资点钱去买副蓝色隐形眼镜，然后再想些有趣的事，让自己展现自然的笑容。这样一来，给人的感觉就不只较有吸引力，也较为聪明。

这个研究的管控严密，同样的脸被换上不同的眼睛颜色及面部表情反复出现。实验里的实验对象必须做出一系列的简单判断，而在多数情况下，这个实验的目的看在实验对象的眼里，似乎都太显而易见了。当然你也可能认为，这些因素都会造成眼睛颜色和面部表情的评比效果不佳，因为同一张脸一再出现，为什么不给同样分数呢？因此从结果来看，我们真的似乎会受到眼睛颜色和面部表情的影响：蓝色眼睛和迪歇纳笑容好像特别有效。我们喜欢这两者兼具，而且光环效应似乎会往外扩大，影响到我们对聪明才智及吸引力的判断。当然，这只是对第一印象所做的一个研究，照片里的人不曾有机会开口说话——然而我相信一旦开口，我们的判断力便会受到其他因素的影响！只不过在还没开口的这最初几秒钟里，蓝眼睛和自然的笑容似乎仍具有很大的魔力。

●如果面试时，带着自然的笑容，人家对你的第一印象就会觉得你比较"有吸引力""友善"和"聪明"。

●如果你想多点胜之不武的优势，可以戴上蓝色隐形眼镜。我们认为蓝色眼睛很具吸引力，它会产生正面的光环效应：意思是当我们看见蓝色眼睛的人，便会直觉认定这个人比较聪明。（即便他们没有开口说话）。

如何在工作面试里帮自己一把

如果你想在面试里帮自己一把，那么某种程度的迎合面试官应该会很有效。当你迎合别人时，就表示你同意对方的话，才会跟着投射出他们的想法与态度。这个技巧之所以有效，是因为我们都喜欢和自己有共通点的人，如果你懂得不着痕迹地迎合，对方就会很喜欢你，而且还不见得知道原因是什么。另一个经常运用在工作面试里的言语技巧是自我推销。不过自我推销的效果没那么好，在这两种技巧里，似乎是比较弱的那个。

华盛顿大学的查德·希金斯（Chad Higgins）和佛罗里达大学的提摩西·贾齐（Timothy Judge）检验了这个说法，他们将工作面试里常用到的两种言语策略进行比较，也就是"自我推销"策略和"迎合"策略。这两种策略之所以有效，其实都有心理学上的根据。心理学里有一种著名的理论叫作物以类聚，这解释了为什么迎合对方是有效的方法。同样的，自我推销也应该奏效，因为工作面谈的目的，就是要找到学有专长的人来胜任工作，因此，推销自己的技术和能力，应该会有正面的效果。研究人员分析了应征者的应对内容和面谈结果这两者之间的关联，他们发现，虽然两种策略都被普遍用到，但还是有优劣之分：迎合策略较自我推销来得有效。懂得利用迎合技巧的人被认为比较适合这个组织，也比其他不会迎合的人，更符合这份工作所要求的条件。

但这个研究的局限性在于应征者的专业背景。他们都是商科或文科的毕业生，应征的工作是业务和管理。这种工作重视的是与人友好相处的能力，而迎合技巧可能是很好的指标，可以证明你有无能力拓展人际关系。换言之，自我推销或许在其他领域比较吃得开，所以不应该以偏概全。

提示

●在应征某类型的工作时，迎合技巧似乎比自我推销来得管用。
●当你认同面试官的话，并投射出他们的某些想法和观念时，就会被认为"比较适合"。

面试时如何让自己放轻松

如果你想在面试时更轻松自在一点，可以事前喷一点香水或刮胡须后所用的爽肤水。负责处理味道的大脑部位和负责情绪的神经机质，有极为紧密的关联。喷上香水或爽肤水不只会影响别人，也会连带影响你对自己的感觉：喷上香水，会感到比较放松，在面试过程中，较少出现"自我调适"（self-adaptors）或"自我镇定"（self-comforting）的举动。此外，他们也被女性观察者（不包括男性观察者）评定为较具自信。所以下次你去面试时，先拿出你最爱的香水或爽肤水，在身上轻轻喷一点。只需要一点点香水便能令你的大脑放松，给你最好的表现。

这些都是东京都立大学（Tokyo Metropolitan University）敬浩通口（Takahiro Higuchi）和他的同事所做出的研究结果。这背后的理论根据是，负责味道的大脑部位和负责情绪处理的部位有直接的神经关联，意思是，香水可能不只影响与你互动的人，也会影响你自己，因为这些部位都有密切的神经联系。通口和他的同事用简单的方法检测了这一点。他们仔细观察参与面试的年轻女性：有一半的应征者在面试途中喷了香水，另一半则没有，然后通口和他的同事要求观察者评比。各应征者在整个面试过程中出现的非言语行为，主要是三种：微笑、眼神接触和"自我调适"（所谓自我调适就是一些自我触摸的动作，目的是为了镇定和安慰自己，它们往往是负面情绪的可靠指标）。除了分析非言语行为之外，研究人员也要求实验对象就几个量表来评量自己的心情。

研究人员发现，香水对微笑的频率或眼神接触的次数没有影响，但会影响自我调适动作的出现频率：喷香水的应征者在应试过程中，不会出现太多自我镇定的举动，此外，香水也会对实验对象心情的放松有很大影响。

总而言之，这个简单的实验证明了一个基本的道理，就是在身上喷点味道愉悦的香水，可以对你的心情和行为有所影响。面试时，放松心情很重要，还有不要常做出一些看似焦虑不安的动作，这一点也很重要。洒过香水的实验对象都表现得很轻松自在，女性观察者也认为她们看起来比较有自信。看来，香水不只可以为别人喷，也可以为了自己而喷！

这个研究最大的争议在于，它只是模仿面试的情境，但若真的去面试，牵扯到更多利害关系时，还会有同样效果吗？

●工作面试前，在身上喷点香水，可以帮助你放松心情，让你看起来更有自信。

●面试过程中若能放松心情，就不会出现太多自我镇定的举动，看起来也会比较有自信。

如何得到全世界最棒的工作

有人终其一生想在人生的各领域里做到最好，他们做任何决定时，都有一个模式可循，那就是"竭尽所能地找出所有可能选项"。他们想确定到底有多少选项可供比较和评估，并与那些只求"够好"，只求满足基本需求的人不一样。

所以你要怎么找到全世界最棒的工作？答案是**找不到**。而想要找到最棒工作的这种心理驱动力，恐怕会害你不快乐。那些试过所有办法，才好不容易达成目标的人，其工作薪水往往比不以此为志的人平均多出 20%，但付出的代价却十分可观。因为在整个过程中，他们往往"比别人来得悲观，容易紧张疲倦、焦虑不安、不知所措和沮丧"。你绝对找不到全世界最棒的工作，但你或许找得到一份适合你的工作。如果你是那种什么事都得先打探各种可能的人，那么你恐怕得先好好处理一下这种个性：先暂停一下、自我反省和放松心情。虽然这样的举动可能带给你更高的薪水，但过程恐怕会很惨烈。

说到做决定，不管是哪种决定，人们都会落入两种类型：极大化者（maximizers）和知足者（satisficers）。极大化者什么都要做到最好，唯有这样，他们才会满意；为了做到最好，他们必须费力找出各种可能选项。另一方面，知足者却只想找到对自己来说"够好"的东西就行了，他们的搜寻过程很不一样，只要找到一个刚好符合门槛的，就不会再找下去。这中间的区别早在五十年前赫伯特·西蒙（Herbert Simon）就首度介绍过，他的论点后来成了哥伦比亚大学席娜·艾杨格（Sheena Iyengar）及其同事的研究理论基础。艾杨格以下列方式描绘了这两种人的差异。譬如在看电视时，极大化者会花很多时间先浏览一堆频道，然后才决定要看哪个节目，结果最后只剩下一点时间可以好好观赏他想看的节目。相反的，知足者只要浏览到他们觉得还不错的节目，便会放下手中的遥控器，好好观赏。有心理研究指出，虽然极大化者为了得到更大的满足，而花较多时间和心力去做出一个决定，但和知足者比起来，他们探索了更多的选项，对成果的感受却往往不如知足者。套句艾杨格和她同事的话："结果显示，极大化倾向往往和懊悔、沮丧及决策难题成正比关系；和快乐、生活满意、乐观主义及决策成果的满意度则呈反比关系。"这些研究人员的疑问是：尽管极大化者可能怎么样都不满意自己做的决定，但这种费心的搜寻过程及一心求好的精神，会不会让他们的成果从客观角度来看，其实是比知足者的来得好？简而言之，极大化者在做决定时所用的那整套策略，是不是能带来一些客观的利益？

研究人员的衡量方法是联络十一所大学的毕业生，然后利用问卷来分析他们的"极大化倾向"。问卷里出现的陈述内容如下：

"当我在车里听收音机时，就算我已经满意目前的频道，我还是会试试看其他电台，看看有没有比较好听的内容正在播放。"

如果你总是在查看其他电台频道，就表示你有明显的"极大化倾向"。另一种陈述是：

"我在购物时，总是很难找到自己真正喜欢的衣服。"

同样的，如果你很难找到你真正喜欢的衣服，你也可能有极大化倾向。心理学家要求实验对象在一套一分（非常不同意）到九分（非常同意）的量表上，自我评量这些项目。研究人员也计算了实验对象意图应征的次数，作为对求职过程的衡量基准。此外，也检测了这些学生在应征工作前、应征期间及应征后的心情状态。最后，还检测了学生们找到工作后的心情满意度，他们问了两个简单的问题：**"你对自己被录取的这份工作，有多满意？"**与**"对于明年要到哪里工作，你对自己所做的决定有信心吗？"**

　　诚如所料，那些有高度极大化倾向的实验对象，会比低度极大化倾向的人（知足者）想去应征更多的工作。此外，他们发现"有高度极大化倾向的学生都说，希望自己能有更多选项可以选择……而且在求职期间，会比较依赖外力"。不过研究人员也发现，客观来看，极大化者得到的成果的确比较优越，他们的平均薪资是四万四千多美元，而知足者的平均薪资是三万七千美元。

　　所以总结来说，如果你是那种一定要找到理想工作的人，可能会有完全不同的求职经历，并在金钱上得到回报。但虽然是很大的金钱回报，研究却显示，极大化者往往容易出现比较负面的情绪，而且较不满意自己最后被录取的工作。根据研究人员的说法："和知足者比起来，极大化者在求职中会得到较优越的金钱报酬，但情绪比较不好。在毕业后的求职过程里，有高度极大化倾向的学生和较知足的学生比起来，较会尽其所能地追求和专注于已实现和未实现的选项上，并且较依赖外力资源来帮他们达成目标。这些努力自然能让他们得到更高的金钱报酬：极大化者的起薪比知足者多出 20%。然而，尽管极大化者相对成功，却还是不太满意最后的求职结果，过程中也显得较为悲观、紧张、疲累、焦虑、不安、不知所措和沮丧。"

　　所以换句话说，执意寻找最理想的工作可能得付出惨痛的心理代价。如果你天生是个极大化者，总是想收听最好的广播电台，观赏最好的电视节目，或者找到最好的工作，恐怕得重新思考一下你个性里的这个部分，因为**虽然它可以让**

你得到更大的成就，但不见得能让你更快乐，事实上还可能害你有很长一段时间都不快乐和不知足。套句研究人员的话："即便极大化者得到自己真正想要的，也不见得满足于眼前的一切……如果决定者的主观幸福与成就的客观价值兜不起来，究竟该以孰为重？如果**做得更好**只会让自己觉得更糟，又该怎么办呢？"

这个研究里的一个明显争议是，极大化者之所以成就较高，有可能是因为他们对自己有较高的期许，所以就算做得再好，都不会快乐，因为成就没有达到自我期许。然而这个问题研究人员早就想到了。尽管他们发现顶尖大学比其他大学拥有更多极大化倾向的学生，却没找到极大化倾向和实验对象平均成绩之间的关联。此外，这也不能只用"极大化者生性就是不快乐"一句话来带过，因为即便你把快乐的标准控制住，你还是会发现，极大化者求职过后仍然不太快乐。这个研究的最大争议是在于，研究人员只针对单一客观成就（薪水）进行检验，却忽略了工作上的其他层面，也许学生们是碍于那些层面才觉得不快乐。换言之，更高的薪水可能和更多责任及更大竞争的环境有关，于是连带影响了他们的心理状态。若能知道背后真正的原因是什么那就好了，因为我们有必要了解（诚如研究人员所说）为什么有些人得到自己真正想要的东西时，却还是不满足于眼前的一切。

提示

●有些人什么都想做到最好，包括得到全世界最好的工作。这种倾向可能会害他们总是快乐不起来。

●在现实生活里，你永远找不到全世界最好的工作，不管你多努力，或者多鞭策自己。

●如果你在这方面一直自我鞭策，也许可以找到一份薪水较优越的工作，但最后会落得比较不快乐。

如何让自己在十分钟内变得更聪明

如果你想提升自己的智商，有一个简单的方法——只要听十分钟的莫扎特音乐就行了，D大调双钢琴奏鸣曲很管用！研究显示，听莫扎特的音乐可以明显提升智商，原理在于，它能提振情绪和觉醒度（arousal level）。

最近加拿大约克大学（York University）的威廉·汤普森（William Forde Thompson）和他的同事研究了所谓的"莫扎特效应"（Mozart effect）。而首度证实此效应确实存在的人是弗朗西斯·劳舍特（Francis Rauscher）、戈顿·萧（Gordon Shaw）和凯瑟琳·凯依（Katherine Ky），当初他们发现，自己的实验对象在听完十分钟的莫扎特音乐后，再去参加空间能力标准检定，所得出的成绩竟比那些考前被告知放松心情，留下来静坐等候的人更为理想。汤普森和他同事再接再厉地继续研究，他们比较了莫扎特的奏鸣曲和阿尔比诺尼（Albinoni）的慢板乐章，期待看见莫扎特的奏鸣曲能在实验对象里引发正向和高昂的情绪，至于慢板乐章则被认定会为实验对象带来悲伤和低落的情绪。研究人员在实验里不是播放十分钟的莫扎特（D大调双钢琴奏鸣曲），就是播放阿尔比诺尼的G小调管弦慢板乐章，实验对象听完后必须完成"史比智商量表（Standford-Binet Intelligence test）的折纸和割纸测验"。测验里，实验对象必须看着一张长方形的纸被折叠和切割，然后从五张展开的纸当中选出正确的那一张，此外，研究人员也评量了实验对象的心情状态和警醒程度。他们发现，听过莫扎特音乐的实验对象在空间能力测验中的成绩，会比只是静坐等候的实验对象来得好。但是当他们听过阿尔比诺尼的音乐后，空间能力的测验效果并无改善。此外，实验对象在听完莫扎特的音乐后，正面情绪和警醒程

189

度都变高，负面情绪则变低了。研究人员的结论是，"莫扎特效应其实没有那么神秘"，听完莫扎特音乐之所以能提升部分智商测验的成绩，原因在于它可以提高我们的警醒度，让我们心情变好，所以是这些变量促成了智商的改变。但不管怎么样，还是一句老话：如果你想在标准智力测验的空间测验里拿到好成绩，先放点莫扎特音乐来听吧！

但要是你不喜欢听古典音乐，那该怎么办呢（譬如我）？或者说，如果古典音乐只会提醒你缺乏古典音乐的素养和知识，又该怎么办？这些不如人的感觉会干扰它的正面效应吗？如果所谓的"莫扎特效应"其实并非外界所想的那么神秘，只是心情和警醒度受到影响而已，那么换成可以提振情绪的摇滚乐也行吗？答案也许是肯定的。所以如果你真的不喜欢莫扎特，就改听摇滚乐、嘻哈或黑人蓝调音乐，或者任何可以让你有好心情和提振活力的音乐吧！

提示

●你可以靠听莫扎特的音乐来提升智商表现。听莫扎特音乐尤其能影响标准智商测验里的空间能力分数。

●所谓的"莫扎特效应"，并不局限于莫扎特（Wolfgang Amadeus）的作品，这种效应之所以出现，是因为这个音乐能改善心情，提升警醒度。

●如果你不喜欢莫扎特，可以试试迪利·瑞斯可（Dizzee Rascal，译注：黑人嘻哈歌手）的音乐。

如何解读握手的方式

很多人都相信，握手是给人第一印象的一个关键之处。我们看见一个陌生人信心满满地走进屋里应征工作，他有良好的眼神接触，步伐充满自信。我们和他握手时，却发现这是我们所碰过最软弱无力的握手方式，我们不免吃惊，原来他的眼神接触、沉稳步伐和自信态度全是装的。可是这种握手方式真能透露出他们的根本个性吗？根据亚拉巴马大学（University of Alabama）的威廉·查普林（William Chaplin）及其同事的说法，答案似乎是肯定的。他们在实验里先训练研究人员"以中立方式"来握手，以便日后以评鉴员的身份来评量实验对象的反应。所谓的中立握手方式是："从手腕处伸直，手掌朝左边，拇指呈四十五度角举起。在接触对方的手时，要用手包覆住对方的手，但得等对方启动握力和上下摇动的力道。除此之外，评鉴者也被要求只有当实验对象开始放松握力，或者以其他方式显示出想终止握手的念头时，才可以放开手。评鉴者得互相练习握手技巧，并找外面的人练习，直到我们觉得这些评鉴者的技巧已够纯熟。"

他们花了整整一个月的时间熟练这种技巧，然后再从八个层面去评鉴每位实验对象：

一、是否完全握住（1 ＝完全没握住，5 ＝完全握住）

二、温度（1 ＝很冷，5 ＝很温暖）

三、干燥度（1 ＝潮湿，5 ＝干燥）

四、力道（1 ＝很弱，5 ＝很强）

五、握得久不久（1 ＝短暂，5 ＝很长）

六、活力（1 ＝低，5 ＝高）

七、质感（1 ＝柔软，5 ＝坚硬）

八、眼神接触（1 ＝没有，5 ＝直接）

此外，也会利用标准测验来衡量实验对象的个性。结果发现，握手方式较坚定的人（特征有"握得比较完全、力道比较强、比较有活力、握得比较久，还有眼神比较常接触"），个性往往比较外向直率，较能打开心胸接纳新奇的经验，比较不神经质或害羞。换言之，即便是这么短暂的接触，也能泄露其基本的个性。另外他们也发现，坚定的握手方式会带来有利于己的评价，尤其对女性来说。女性的握手方式若是很坚定，会被认为比那些握手方式很女性化的人显得更具"自信"和"决断力"。

所以你要如何解读握手的方式？秘诀就是注意对方的握手方式坚不坚定（而不是注意对方的手干不干，冷不冷，或黏不黏）。如果你想找某人谋职，而这人"个性外向""能敞开心胸接受新奇的经验"，那么你握手要用力一点。另一方面来说，如果你和别人是初次见面，你很希望让对方知道你个性外向，很能包容新奇的事物，那么你的握法更是要坚定。

提示

● 握手可以确实泄露一个人的个性。

● 坚定的握手方式会让人联想到这个人性格外向直率，比较愿意接纳新事物，比较不会神经质和害羞。

● 握法坚定的女性会被认为比那些握法很女性化的人显得更具"自信"和"决断力"。

Get the Edge:
How Simple Changes
Will Transform Your Life

你的人生,
只是缺少心理学

第九章

孩子们

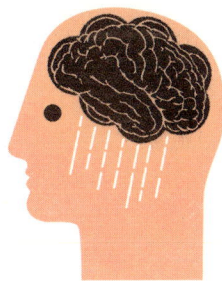

"你的孩子不是你的,他们是生命自身渴慕下所创造的子与女。"

《先知》孩子篇("*On Children*", *The Prophet*),作者:纪伯伦(Kahlil Gibran)

如何帮助自己的孩子学业有成

如果你想帮助自己的孩子学业有成，就鼓励他们多参加学校里的团队作业，因为团队作业可以从很多方面帮助他们在学业上有良好的发展。团队作业有助于他们与其他同学培养同侪感情，而这种关系会在作业过程中，提供他们情绪上的支持与鼓舞。研究已经证实，团队作业里的这些社交和情绪特征，将对孩子们的学业成就有很大影响。

团队关系可以是以学校为主的学业成果关系，也可以是以家为主的关系。有些关系似乎能够鼓舞和有助于学业成就，有些则有反效果。只不过这方面的关键因素究竟是什么？说到以学校为主的关系，曾有人针对其中一点做过研究，试图了解这些社群团体是如何根据某类目标组织而成。明尼苏达大学的戴维·强森（David Johnson）和罗杰·强森（Rodger Johnson）彻底分析了所有研究（总共近一万四千种研究），这些研究都是在调查不同种类的目标结构对青少年（十二岁到十五岁）的学业成就及社交关系的影响。

研究人员研究了合作型目标结构（cooperative goal structures）（几个

独立的个体由于彼此目标紧密相连，以至于他们的目标成就之间产生了一种正相关关系（positive correlation）、竞争型目标结构（competitive goal structures）（青少年彼此实质竞争）和个人型目标结构（individualistic goal structures）（个人认知到无论别人能不能达成目标，他们都可以自己独立达成）。研究人员检测了学业成就水平和同侪关系的好坏这两者之间的关联。结果发现"对青少年来说，合作型目标结构和更高的学业成就有关，而且甚过竞争型和个人型"。换言之，鼓励青少年合作共事，往往能带动他们之间的互动，而这种互动会提供"必要的协助、信息和资源，有助于他们达成共同目标"。除此之外，这个研究也发现，好的同侪关系往往和合作型目标结构较有密切关联，而不是与个人型目标结构有关。所以让青少年在某项作业任务里一起合作，可以促进他们之间的互动模式，让他们彼此信任，建立关系，得到友谊，并给他们必要的协助和资源来有效完成工作。所以这个重要的研究给了一个清楚的结论：如果你想要自己的孩子在学校里表现良好，就不要鼓励他们追求个人主义式或竞争式的作业任务（不管天赋异禀的学生觉得这有多诱人）。说服他们在课堂作业计划上共同合作，说服他们互相信任，对同组同侪要有信心。这样一来，可以同时达成两个目的：帮助他们与同侪建立关系（这对他们的心理来说会有很大的好处），以及帮助他们提升学业成绩。

就某方面来说，这个研究结果似乎理所当然，没什么稀奇的，但其实不然。毕竟出色的学业成就为什么和好的同侪关系有关联，这一点看不出什么道理，甚至在它们之间可能存在着不太好的关联。但这个研究却肯定地告诉我们，青少年时期的同侪关系和学业成就是有关联的，而且也清楚地指示我们，任何属于合作型的作业任务，都对同侪关系的本质和学业成就有帮助。不过当然这个研究就像其他任何针对学生展开的分析研究一样，都只给了我们一个概括性的轮廓描绘，其实在这里头，还是有人可以通过不同路径取得学业成就，譬如有些青少年就是要在竞争激烈的环境里，才会有更好的学业表现。但从这个研究里可以明显看出来，大多数的青少年不是如此。团队作业应该受到鼓励，列为优先考虑对象。

提 示

●要帮助你的孩子有更好的学业表现，可以鼓励他们多从事团队作业。
●团队作业的方式能鼓励孩子们培养同侪关系，这种关系能在作业期间提供给他们情绪上的支持。

如何帮助你的孩子学习

如果你想帮你的孩子学习得更快，譬如学习某个数学概念，可以鼓励他们在试图理解时，尽量运用双手。你应该为他们做正确的动作示范，譬如，假设你想要孩子学会如何找出等式里缺少的元素，不要光解释而已，秀给他们看怎么解。你可以说："我要让这一边等于那一边。"同时把你的左手移到等式的左边，右手移到等式的右边，要求你的孩子重复你说过的话和你的手部动作，他们就比较能解出这个题目。这方法之所以有效是因为这手势很容易做，而且它可以帮忙释放脑内资源，处理新的信息，也能帮忙保存信息，把思维过程和正在进行的作业联结起来。双手的动作告诉了他们现在处理到哪儿，注意力应该放在哪里，而且要继续专注下去。所以如果你想要孩子学习得更有效率，千万别认为他们不由自主做出的手势，可能害他们分心，或者那代表他们很紧张或不确定做法。只要把手势想成是获取和学习新概念的基本过程之一，鼓励他们多利用这些动作，帮助自己更有效率地学习。

这些都是罗彻斯特大学的苏珊·韦格纳·库克（Susan Wagner Cook）及在芝加哥大学的同事柴克利·密却尔（Zachary Mitchell）和苏珊·戈汀－梅多（Susan Goldin-Meadow）所做的研究。有相当多的证据显示，当我们思考和说话时所做出的自发性手部动作，都是复杂心智活动下的基本元素，我们说话的内容就是由这些心智活动构成。戈汀梅多以前曾通过研究证实，小孩在学做某件事时，如果会用手比画，便可预测他们将很快精通那样事情。此外，她也发现这些会在学习时不由自主地拿手比画的小孩，比较容易记得住他们刚学到的东西。但早期的研究问题出在，它无法让心理学家区分两种不同的效果。究竟手势的产生"只是反映出对新知的乐于学习态度"，代表他们才刚抓住那个概念，即将把概念展现在他们的实际行为里，抑或手势的产生是和新知的建构有积极的关联？库克和她的同事在新的实验里，要求孩童们在学习各种数学概念时，必须使用手势。这些概念就像这样：

$$4 + 3 + 6 = \_\_ + 6$$

孩子们必须把数字填上去，然后解释他们是如何解出这一题。这群七岁到八岁的小孩会在以下三种情境之一接受测验：

一、"言语情境"，研究人员告诉他们"我想让这一边等于那一边"。

二、"手势情境"，研究人员"移动左手到等式的左边，停顿一下，再移动右手到等式的右边，然后要求孩童照样比画一次"。

三、"手势加言语情境"，研究人员说"我想要让这一边等于那一边"，同时移动左手到等式的左边，再移动右手到等式的右边。每个孩童都得学研究人员的手势照样比画一次。等到研究人员示范了几次之后，就会给这些孩童题目让他们自行解答。结果研究人员发现，被要求解题时必须做出手势的孩子们，成果表现受到显著影响（不过"手势"和"手势加言语"这两种情境下的成果表现并没有太大差异）。而所有被要求比出手势的孩童（不管是只有手势或者是手势加上言语），其解题表现都优于只被要求在言语情境下解题的孩子（成功率高达 85%，相较之下，只说不比的孩子只有 33% 的成功率）。

这个成果从很多方面来看都很特别。研究的结论是：当孩童被要求以手势来说明新的概念时，**其学习效果会比单用言语表达的孩童来得持久。**资料显示，当孩童被鼓励做出手势时（不管加不加言语），他们就会照指示记住所学到的东西。而在学习过程中只以言语表达等式算法的孩童，大多对新概念只有短暂的记忆。这些发现告诉我们，利用肢体来表现概念，可能对新知的建构和保存尤其有帮助。

手势为什么有助于这方面的学习？这问题非常重要。研究人员说，也许可以用几种原因来解释。一种可能是手势的制造毫不费力，足以释出心智资源（mental resources）去处理其他信息。换言之，用肢体动作来表现出和解题有关的信息，这会比只试着在脑袋里解题来得有效。另一个可能是，手势或许有助于长期记忆的信息储存，而且"可能比单用言语表达信息，更能制造出坚固强韧的记忆"。而以手势动作来表现部分的解题过程，或许能更有效地帮助你记住过程里的片段。第三种可能是，手势可能是通过与外界互动在协助学习——基本上，手势动作是在心智表现与外在世界之间建立了联结。它们会让你一直专注在解题时该注意的事情上。

尽管这些理论的正确性仍有待商榷（事实上，这三种解释可能都有部分属实），但这个研究告诉我们，如果你想要孩子学习新概念，就要鼓励他们适当运用手势动作来学习，这些手势甚至对复杂的心智处理作业（mental operations）很有帮助，譬如数学。

这个研究的最大争议在于，手势有助于学习的这种效果究竟有多普遍。这里的成人和小孩所使用的手势动作都是很简单的，基本上都能引导孩童将注意力从等式的这一头移到另一头，但其他手势也一样有此功效吗？毕竟我们（包括小孩在内）说话时，往往会做出复杂的手势来解释一些难懂的概念，所以，很有可能部分手势动作做得不够恰当，效果不佳，反而有碍了推理。不过一般来说，人们做手势时，都能切实配合他们正在进行中的心智处理作业，而且肯定和鼓励手势动作的运用，的确有助于帮忙取得核心的心智技能（core mental skills）。我非常欣赏这份报告里的最后一句话："要促进孩子心智持续成长，方法之一或许是改变他们的动作内容，而不是说话内容。"这是个实用意义明显的重要概念，只是其中一些到了今天才开始明朗化。

提示

- ●鼓励你的孩子一边学习新概念一边做出手势动作，这将有助于他们学习。
- ●这些手势可以释出心智资源。
- ●手部动作有助长期记忆的信息储存，制造出更强韧稳固的记忆痕迹。
- ●手势可以在心智处理作业和外在世界之间建立起联结关系。

如何增进你孩子的智商

如果你想增进孩子的智商，就让他们去学音乐。音乐课会要求孩子上课时必须专心，且严格要求每天练习，熟记音乐的每个小节和传统表现手法，充分表达音乐里的感情张力。乐器的学习会牵扯到一系列的心理和生理过程，这对正在发育的脑部来说很有帮助。六岁孩童上了三十六周的音乐课之后，智商会平均提高七分，这和对照组比起来显然高了一些（对照组不是上戏剧课就是没上任何才艺课）。但是六岁孩童在上过戏剧课后，社交行为会有长足的进步。学音乐的孩童在专心度和处理速度方面则表现优异，所以，如果你想要孩子变得更聪明，一定要让他们早点学音乐，但如果你想要他们更聪明和更有社交能力，就让他们同时学音乐和戏剧。

多伦多大学的葛兰·薛林柏（Glenn Schellenberg）说学音乐之所以可能提升孩子的智商，是基于几点原因。音乐确实能刺激到对脑部发育有影响的心智处理过程。以前就有研究证实，音乐资质和许多心智活动有关，包括一般智力、数学程度及记忆表现。不过这里的问题是，这有可能是倒果为因，譬如比较聪明的孩子或许比一般孩子更可能学过音乐，因为他们的学习效果较好。薛林柏设计了一套实验来厘清这些因果关系，他把一大群小孩放进四种情境里：其中两种情境是上音乐课（一组要学键盘乐器，另一组学声乐），另外两种情境作为对照组（一组要上戏剧课，另一组不必上任何才艺课）。结果发现，和对照组比起来，那些上音乐课的孩子智商明显提高，他们的分心度比较低，处理速度则提高了。此外，研究人员也发现，从父母对孩童一系列的行为评量里可以得知，学戏剧可有效改善社交行为能力。

学音乐的过程经验显然也会影响智商，因为这中间涉及注意力、记忆力以及如何避免分心。这个研究无法让我们从中找出影响力最大的因素，而且这里当然也可能有某种笼统的因素存在。毕竟，孩子若在音乐才艺课里表现优异，自然会影响自信程度，也影响孩子在其他方面的胜出能力，譬如智商。

提示

● 学音乐可以增进孩子的智商。
● 学音乐牵扯到一系列影响脑部发育的心理和生理过程。
● 学戏剧有助于社交能力的培养，但不会改变智商。

如何选择考试用笔

如果你想考试顺利（或者如果想要你的孩子考试顺利），千万别用红笔应答。红色是危险的信号，会引发脑部右前额叶皮质部位的活动，而那部位刚好与**逃避行为**有关。红色似乎会对人的表现造成影响，害他们在包括智商测验在内的各种考试里表现不佳。若是在他们看见红色的时候，同时给他们几个选项，他们一定会挑最轻松的选，刻意避开困难的。这就好像红色会让你下意识地先为失败做好准备，进而影响最后表现。所以如果你快考试了，尽量避免使用红色铅笔，避开红色书册。

美国罗彻斯特大学的安德鲁·伊利特和同事，通过一系列的实验来研究红色对成果表现所造成的影响。他的结论是，无论作业任务是什么，红色几乎都会削弱最后的成果表现，即便只是短暂接触到红色。在其中一个实验里，他要求实验对象做英文的换音造词练习，譬如：

换音造词例题：NIDRK　　答案：DRINK

实验对象的编号在实验里被研究人员绘上不同颜色，结果发现，如果实验对象的号码是红色，这时给他们五分钟的时间解题，平均分数不到四又二分之一，但如果号码是绿色或黑色，平均分数高于五又二分之一。研究人员接着研究颜色对某智商子测验（模拟子测验）的影响，他们想知道，测验卷封面的颜色对成绩表现会不会有影响。结果一样，在红色情境下的实验对象成绩表现，不如在绿色或白色情境下的实验对象。数学测验也出现同样结果。接下来脑电波检测也显示出，在红色情境下的实验对象，其右前额叶皮质的活动高于在绿色或灰色情境下的实验对象。以前就有研究证实，右前额叶皮质的活动和逃避行为有关，研究人员于是将这个发现与另一件作业任务做了联结。在那个作业任务里，实验对象必须在简单或困难的模拟测验当中挑选。而那些接触过红色的实验对象，多半选择简单而非困难的测验。

　　研究人员的结论是，在作业任务完成之前意识到红色的存在，对当事人的成果表现会有负面影响。除此之外，对红色的警觉会刺激当事人想要逃避困难的作业，此外它也和右半部皮质的高度活动有关。套句他们的话："这些发现所带来的启示是，在强调成果表现的环境里，一定要小心红色这种色彩的运用，而且也说明了环境中的颜色都有其微妙角色，会对行为造成影响。"而这些作用都是在意识没有察觉的情况下发生。不过他们也说，在强调成果表现的环境里，一定要避免让红色出现，因为在这种环境里，正面成果（成功）和负面成果（失败）都有可能发生。但问题是红色会在下意识里提醒人们失败的可能，进而影响成果表现。

　　这个研究显然让我们学到一课，那就是尽量不要待在漆成红色的办公室或学校里（或其他也很重视成果表现的环境里）。研究人员继续探索，他们注意到，在研究调查里使用过的智商测验："这种测验的执行有一套严格的制式作业，包括题目的难易度和时间的分配。可是像应试者身上衣服的颜色，以及他们用来作答的铅笔颜色都没有规定。但我们发现，智商测验的红色试题封面这类看起来不起眼的因素，对成绩表现会有很大的影响。这不禁令我们怀疑，刚刚提到的衣服和铅笔颜色是否真的算是不起眼的因素。因此建议，或许需要针对这类重要测验的环境流程因素做更严格的管控。"

　　·这个研究最奇特的地方在于这种影响的顽强性。他们证明了颜色对一系列作业任务的影响，即便只是短暂接触到。此外，这种影响似乎会在意识完全未察觉的情况下发生，毕竟红色总让人联想到危险和回避，而且似乎真的会影响我们的思考方式。究竟颜色效应会不会因为衣服和铅笔颜色这类因素而继续存在，答案仍然未明，因为可能有些环境里的颜色负面效应已经被移除了。但从另一方面来说，红色被视为危险的这类生物效应，或许早已根深蒂固到无论环境条件如何，仍会如影随形地存在。

提示

●红色在很多环境下都是危险的象征，与回避行为有关联的大脑部位（右前额叶皮质）会受到刺激而开始活跃。
●在强调成果表现的环境里，红色会下意识地诱发失败，影响表现。
●千万不要用红色铅笔来应试。

如何帮自己的孩子提高情绪智商

情绪智商是日常生活里的核心环节，它攸关你有没有能力从别人的非言语行为或言语律动里解读对方的情绪状态。言语律动包括声调和节奏，可以释放出像快乐、悲伤、愤怒和害怕这类情绪信号。根据多伦多大学密西沙加校区（University of Toronto at Mississauga）的威廉·汤普森（William Forde Thompson）及其同事的说法，快乐释出的信号是"节奏快速、音调拔高、很广的音调范围，以及明亮的音质"；悲伤释出的信号则往往是"节奏慢、音调低，很窄的音调范围，还有柔软的音质"；愤怒则和"快节奏、音调高、很广的音调范围及不断上升的音调等高线"画上等号；至于恐惧则是"快节奏、高音调、音调范围广、音调变化大，还有音量变化多"。

情绪	节奏	音调	范围	音质
快乐	快节奏	高音调	音调范围大	明亮的音质
悲伤	慢节奏	低音调	音调范围窄	柔软的音质
愤怒	快节奏	高音调	音调范围广	不断上升的音调等高线
恐惧	快节奏	高音调	音调范围广	音调变化大和音量变化多

我们是通过每日对话学会鉴别哪些语言层面与情绪有关。显然这是个重要的技巧，因为你对这些特征愈敏感，情绪智商就愈高，和别人的互动也愈好。但是有些心理学家认为，你可以通过一种和社交互动无关的活动来精进这些技巧，这个活动就是（又是）音乐。理由很简单，因为情绪可以通过音乐来表达，而语言也具有和音乐一样的基本特征，譬如速度、广度、调子和重音。所以汤普森和他的同事找来一群六岁孩童，让他们学习一年的钢琴或声乐，再不就是上戏剧课，或者完全不上才艺课。结果发现，受过键盘乐器训练的孩子比较善于鉴别出语言和音乐里的情绪成分。他们说这不是巧合，因为要从音乐和语言里挖掘出情绪意义，都得经历类似的过程。

所以如果你想要孩子有好的情绪智商，懂得解读别人的情绪，就要趁他们还小的时候去学键盘乐器（如果你负担得起的话），要不然也要经常与他们快乐自在地互动。

提示

● 经常对话可以帮助你的孩子发展出高度的情绪智商。
● 音乐和语言里的情绪都具有同样的基本特征，譬如速度、广度、调子和重音。
● 因此音乐课将有助于提升你孩子的情绪智商。

Get the Edge:
How Simple Changes
Will Transform Your Life

你的人生，
只是缺少心理学

永远的朋友

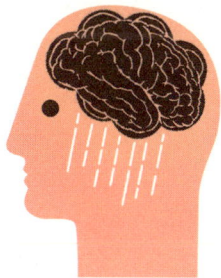

"真正的友谊出现在患难里；得意时永远不缺朋友。"

《赫丘芭》(*Hecuba*，公元前四二五年)，作者：欧里庇得斯 (Euripides)，
译者：威廉·亚罗史密斯 (William Arrowsmith)

要如何八卦才有效果

　　八卦要有效果，有一个方法，那就是先了解我们为什么要八卦。基本上，八卦是为了凝聚我们在社群里的关系。我们会挑出一个人和我们八卦，也会挑另一个人来当八卦的主题，这就是我们的八卦方式，而这两种选择都关系到八卦的成功与否。我们向我们的八卦同伴（选择一）示意我们已经选定他们（从其他可能的人选里选出来）共同分享有关第三者的事情，也就是八卦主角（选择二）。"对象"的选择是八卦成功与否的关键因素，而且最有效的八卦主角竟是**性别与你八卦同伴一样、且年龄也相当的人**。他们发现这种八卦最有趣，因为八卦的主要功能是要提升我们相对于潜在对手（当然如果是性别相同、年龄相仿的人，自然最符合标准）的地位。此外，我们也借由八卦来提醒对话的同伴有关这个社群的规范与标准。所以基本上，我们是借由八卦来强化我们之间的凝聚力，也借由八卦主角的挑选及对他们片面行为的强调，惩罚那些不符合这个社群标准的异常作为。我们都喜欢聊名人的八卦，但同样的，如果名人刚好与我们性别相同、年纪相仿,这种八卦就最能发挥效果。名人八卦也具有同样的基本功能。我们是在削弱名人相对于我们的差距,也等于是在建立我们相对于名人的地位。

八卦在社群里具有几个重要作用:作用之一,是提醒大家这个社群的共通价值观很重要,同时也具有遏制功能,阻止人们背离这个社群的规范。此外,也能有效凝聚整个社群(因为每挑一个人出来当自己的八卦同伴,便等于是冒着风险去找出一个能认同你的话,且理论上也会用他所知的八卦来回报你的人)。八卦的力量很大,因为它可以散播竞争者或敌人的负面消息,借此破坏他们的名誉。就因为八卦在社群有其重要分量,所以也难怪进化心理学家(evolutionary psychologists)会对它展开广泛的研究。诺克斯学院(Knox College)的弗朗西斯·麦肯安德鲁(Francis McAndrew)和他的同事就支持这个论点,认为八卦的目的,基本上是为了提升我们个人利益,而最有趣的八卦往往都和潜在竞争者有关。这个研究认为"人性对八卦的偏好,乃是一种进化的心理适应作用,能使个人在远古的环境里就有成功的社交生活。"

麦肯安德鲁和他的同事为实验对象制造了几种假设性的八卦情境,实验对象必须阅读这些情境,然后反馈给他们对此故事的兴趣程度:想要把这消息传递出去的意愿程度,还有传递给谁。

结果显示,最感兴趣的八卦主角都和自己的性别相同,而且想传播敌人负面消息的意愿,远甚过朋友的负面消息。此外,他们尤其想散播潜在对手行为不实,以及不负责任等这方面的八卦,对八卦对手曾做过的好事则不太感兴趣——女人尤其有这方面的倾向。研究人员发现,这就像女人会对自己的另一半说长道短一样,实验样本里的女人也比男人多出三倍,喜欢聊同性对手的八卦。

八卦似乎是个普遍存在的现象，它具有许多重要的社交功能。麦肯安德鲁的研究对八卦背后的驱动因素之一，做出了假设：欲借由攻击可能对手来提升自己的地位。但这个研究的主要局限在于，它只靠纸笔测验来度量聊八卦这件事，而不是去实地研究八卦的重要功能。可是，如果能知道说八卦的人为了提升自己和贬低八卦主角的地位，是如何把一个原始故事的细节加以修改与变形，一定会很有趣。有关八卦的一个重点是，**多说几次，八卦的本领自然会更好**。

如何在公开秘密的同时也帮自己一把

把重要的秘密放在心里，不利于生理和心理健康，最好把你的秘密告诉一位可以信赖的密友。倘若想让自己更好过一点，关键在于你吐露秘密的方法。当你倾诉秘密时，如果重点是放在情绪的表达上，只会让你的感觉更糟。当你对密友倾诉秘密时，重点应该放在对过去事件的厘清上，并从新的观点去重新审视，这样一来，就能在某种程度上对那件事做个了结（但光靠情绪的抒发，是做不到这一点的）。此外，你找谁来当听众，这件事也很重要。大部分的人都会去找一个值得信赖，不会把秘密说出去的人当听众，但真正能让你说出来后好过一点的密友级听众，也必须具有一定的理解能力才行。换言之，当你把一个天大的秘密说出来时，务必确保你找来当听众的这个人，是否真的明白你在说什么，而且会试着从新的角度去剖析这件事，这样一来，你才会好过许多，不管当下或未来。

圣母大学（University of Notre Dame）的安妮塔·凯利（Anita Kelly）对于秘密的分享具有哪些典型特征很感兴趣。我们都知道秘密藏在心中对心理健康有害。举例来说，那些从不让朋友知道负面讯息的人，往往比较沮丧，也比同侪较没有自信。这一点尤其应验在还没出柜的男同性恋身上，五年下来，他们比已公开性向的男同性恋更可能得癌症，或者是传染性疾病。但是为什么把心里秘密说出来，会让我们觉得好过许多？凯利和她的同事说，因为这里头有两个机制在运作：其中一个和**领悟**及**理解**有关。当你有机会把秘密告诉另一个人时，通常也会顺便去剖析这件事背后的意义及发生的原因。当你在谈论一件事情时，你必须把内容整理成连贯的故事，这个过程意味着你必须弄懂它、消化它。这就是"顿悟说"（insight theory），而这也是为什么把秘密说出来对你来说是有好处的原因。

另一个机制是**宣泄**（catharsis），这是一种以情绪为主的机制。说到宣泄，往往让人联想到弗洛伊德（Freud）和布鲁尔（Breuer），他们认为宣泄是心理治疗里的重要一环："病人唯有通过致病印象的重温及情感的发泄，才能摆脱歇斯底里的症状。"弗洛伊德认为，宣泄是理性与非理性、理解与情绪之间的联结。不过后来许多心理学家和其他人都认为，宣泄只是情绪的爆发。潘尼贝克（Pennebaker）和他的同事所做过的经典研究便认为，领悟和宣泄是公开秘密的两个重要元素。而他们的研究结果告诉我们，领悟似乎是两种元素里比较重要的那一个。他发现，会把上大学经验写下来的大学新人，往往认为这份作业最有价值的地方在于，这让他们有机会了解自己的想法与行为，而只有少数学生（10%）认为，这种经验的好处是，他们能借此发泄情绪。

这些分析调查为凯利的研究打下了理论基础。她要求实验对象"挑出一个从未告诉过别人的私人秘密"，要他们说出来，然后再描述他们的情绪宣泄程度，以及对这个秘密（和背后意义）的领悟程度。接着研究人员再利用一些方法，评量实验对象公开秘密后的感受如何，衡量他们的正面和负面情绪，并要求实验对象评量听者的特性（就专业程度、可信赖程度和魅力程度来看）。最后结果非常清楚，实验对象公开秘密之后，心里好不好过的程度其实和情绪宣泄的多寡无关，反而和他们在过程中的领悟程度有关。事实上，凯利和她的同事发现，那些自称情绪已经全发泄出来的实验对象，事后反而对自己的秘密有更负面的感受。

至于要对谁吐露秘密，"值得信赖"和"能够守口如瓶"被认定是密友应该具备的两个重要特质。但真正能让当事人心情好过的却是看密友的"专业度"而定，套句研究人员的话："研究发现，人们所形容的密友资格和真正有帮助的密友资格，两者之间出现差距。"

显然当你想借秘密的吐实来让自己好过点时，最好去找一个能懂你这件心事的人，而不是只会守口如瓶的人。在第二个实验里，有的实验对象被明确告知"重心要摆在对这件秘密的理解上，从新的角度去审视这件秘密，改变你对它的看法，进而对它有全新的角度视野。把秘密写出来的唯一目的是要找出它背后的意义——获得全新的角度视野，对它有全新的认识"；有的则被告知"把重心摆在你对这件秘密的情绪感受上，把情绪公开地发泄出来。写下你的情绪，不用问你的情绪是否合理化，也不必解释为什么。你把它写出来的唯一目的是，要一次抒发你对此秘密的真正感受——完全释放出你的情绪，释放它们"。结果依旧很明显：因为秘密的吐实而获得全新体悟的实验对象，心情获得了极大的改善。至于那些强调情绪抒发的实验对象，事后并不觉得特别好过。

所以如果你想把秘密说出来，重点在于你必须以新的角度去审视它，而不是纯粹发泄情绪，你必须设法了解你所经历的一切。这里要强调的是，这个研究调查探讨的秘密并不是无足轻重的秘密，而是像被强暴、童年被忽略、多次自杀未遂、成瘾问题，或者堕胎或怀孕这类重大秘密。研究人员认为，领悟原理在这里之所以有效，是因为它可以让你对这件事有个了结。一位叫布鲁玛·柴格尼克（Bluma Zeigarnik）的苏俄心理学家，首度针对了结的心理做了有系统的研究。柴格尼克证实，如果你没办法理解整件事，从它的终点处得到一个有意义的解释，它就会在你的心里挥之不去，反而害你更清楚地记得它。这种感觉就像是，如果你把一部电影看了三分之一，一定会比你全部看完更容易对它留下深刻的印象。凯利和她的同事认为，这个现象也适用于日常生活里的棘手事务：如果有什么事我们没有试着去理解，做一个完整的收尾，便会觉得有件事一直梗在心里。

但凯利的研究有一点令人比较疑惑的是，在这种了结过程里可能有一些我们并不完全了解的面向。在第一个研究里，研究人员发现，人们说出秘密时若是把重点放在情绪的宣泄上，会实际增加因秘密公开所带来的负面情绪。然而，在第二个研究里，这种负面情绪（以宣泄的方式处理）增加的现象并没有发生。在第一个研究里，会有倾听秘密的人。但在第二个研究里，实验对象只要用写的就行了。这是两个研究之间的一个重要差异，但没有解释为什么，可能是因为你把秘密告诉别人时，除非你在说的时候能真正展现出自己的深刻体悟，否则对方会对你单纯的情绪发泄表现得无动于衷。显然我们需要靠更多研究来厘清密友类型和他们对事件的反应方式，以及这两者之间的关联。

如何让自己（或你的孩子）不被朋友带坏

不良行为一定会传染吗？换言之，如果你（或你的孩子）看到某人做坏事，也许是不道德或伤风败俗的行为，你或你的孩子会自然而然地效仿吗？不良行为会多少影响我们吗？我们拿它没辙吗？举例来说，如果有人做了件坏事，譬如考试作弊，而且没被抓到（被你亲眼目睹），你要怎么让自己不去想（不由自主地会想）作弊是好的？毕竟你从那件事学到的经验可能是（也许你并不愿这么想）：反正大家都在作弊，为什么就你不行？

你可以用一个方法让自己不受此事的影响，那就是把关注重点放在你和作弊者之间的差异上——你和他分属两种不同类型的人。即便对方的年纪和你相仿，地位和你相当，你还是可以找出你们之间的差异（"他不是拿 A 级分的学生"，或者"他不是每天下午会去图书馆的那种人"）。就算你们是同事，属于同一个工作组织，所属社群也不同。在心中强调这些差异，这样就不会受到影响，被他们带坏。如果你不让孩子跟着坏朋友学坏，也可以用同样的方法，强调负面模板和孩子之间的差异，把这些差异搬上台面，就能降低那些行为对你孩子的影响。

北卡罗来纳大学的弗朗西斯卡·吉诺（Francesca Gino）和杜克大学的沙哈尔·艾亚（Shahar Ayal）和丹恩·艾瑞利（Dan Ariely）做了个研究，想了解不诚实行为的接触会对个人有何种程度的影响。原则上他们认为，这种接触可能会在几个方面影响旁观者：第一个影响是，如果有人在你面前作弊，而且没被抓到，这就成了一个具体范本，告诉你作弊是管用的；第二个影响是，它会突显出这种行为（于是你会注意到这个行为的存在），而这个警觉会让你更重视这类道德议题，进而反省，然后反而降低了不诚实的可能；第三个影响是，因为目睹到不诚实的行为，害你对各种情况下的规范标准产生了怀疑。根据研究人员的说法，这部分也是社群因素发挥作用的地方，因为"社会规范代表了另一个要素，这个要素会影响周遭人士不道德行为对我们的左右程度，亦即我们对那些人的认同程度。这里的概念是，如果认同感很强，他们的行为就会对旁观者的社会规范造成很大的影响"。所以研究人员认为，目睹作弊的旁观者会不会受到影响、同样变得不诚实，这得看作弊者是否被视作为社群内的一分子。

研究人员针对这点做了一些测试。他们让实验对象目睹别人在一场实验作业中作弊，"作弊者"的实验速度出奇地快，而且显然没被逮到。这些实验对象都是大学生，而研究人员对"作弊者"社群身份的操控方式是，要求他们穿上代表同一大学的 T 恤或别所大学的 T 恤。结果发现，当实验对象目睹别人作弊时，他们的作弊概率也会高出平常。但如果作弊者来自同一所大学，实验对象的作弊率会变得更高——因此，接触不诚实的行为不见得会对一个人的道德行为造成很大影响，重要的是你怎么归类对方。非你社群的人，不见得能改变你对行为正不正当的看法，并且在后来的实验里，研究人员甚至宣称，看见非你社群的人行为不检，反而能实际提升你的诚实作为。他们的不当行为只可能影响到他们所属社群的社会规范，而你却会变得更诚实，借此强调你和对方的差别。

所以如果你不想被别人的不当或不道德行为影响（或者你不想你的孩子被影响），你该怎么做？先别泄气，因为亲眼目睹不道德的行为，不见得会害你或你的孩子也变得不道德。先承认每个人都分属不同社群，并强调行为不检者与你（或你孩子）之间的差异。你们或许在同一个组织工作，但如果他或她在"营销部门"服务多年，你就可以用这个差异，重新定义你们的社群身份，进而阻止自己受到影响。

这个研究只从单一层面去考虑社群内外的关系，譬如是不是同一所大学。但是我们每个人在任何时候都分属于很多社群——即便是没有社会经验的大学生，也分属许多社群（男性、白种人、二十出头、二点一等级的学生、目前稳定交往中、有过休学经验、偶尔吸毒等）。而每个社群里成员身份的影响程度也会视情况而定（"我考试不用作弊，反正我的等级已经快到二点一了"）。或许你会认为分类（categorization）是我们在日常生活里会去主动处理的一种心理过程，因为我们会主动想到自己的所属类别，而不是像这个实验一样被动地接受分类（譬如作弊者穿上和我们同所大学的 T 恤）。所以这种主动分类处理的心理过程，或许也能改善因目睹不良行为所带来的影响。然而，这里并没有研究到这一部分。

提示

- 就算你或你的孩子接触到某种不良示范，也不会失去自我。
- 如果你或你的孩子接触到某种不良示范，先想想你和对方的不同之处。

Get the Edge:
How Simple Changes
Will Transform Your Life

你的人生，
只是缺少心理学

第十一章

再次活出完整的自我

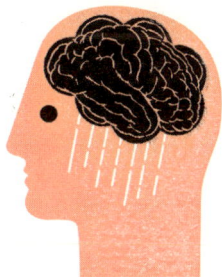

"心是个奇怪的机器，它可以把眼前的所有素材以最惊人的方式结合起来。"

《幸福之路》（ *The Conquest of Happiness* ，一九三零），
作者：罗素（Bertrand Russell）

如何哄骗你的脑袋，让人生再次圆满

这比较像是为了掌握优势（或是重新掌握优势）所做的一种个人尝试。此外，也像是在为过去的各种失落做个总整理。同时，也企图说明心理学究竟能否帮得上忙——不过我想这里还是有一些超越个人、值得借鉴的功课。

我和卡萝（Carol）还在剑桥念书的时候就结婚了。她是我交的第一个女朋友，和我一样来自北贝尔法斯特。她跟着我跨海去念大学，然后又和我一起搬到北边的设菲尔德，有了我们生平的第一份工作。那时应该算是前景一片光明。我哥哥比尔那年在苏格兰结婚，买了他的第一栋房子。我母亲那几年比往常都快乐。"这个家族终于快翻身了，你有了不错的工作，你哥哥也安定了下来！"她喜欢这样说。但几个月后，哥哥去爬了喜马拉雅山——这也是他人生的最后一次冒险。"老实说，我还真不知道我这次为什么要去。"我最后一次见到他时，他这样告诉我，而那次登山后，他再也没有回来了。他在一座叫楠达德维山（Nanda Devi）的山里丧了命，埋在一堆乱石底下，他的名字被人用打火石刻在其中一块石头上。我对我哥哥的最后印象之一是，在他的婚礼上，我和他的朋友们把他整个人扛进车子里——现在回想起来，那有点像是扛棺材到坟地，但当时并没有这种感觉。

　　他死后的那几个月，我一直处于一种定不下来的奇怪状态。那五个月，我的情绪里头只有愤怒，怒气四处流窜，没有原因。而我的父亲在我年纪很小的时候就过世了，我有整整五年的时间曾为这种失落感大声哭喊。我叔叔曾说我父亲死了以后，"我就把所有门都关上了"（你们可以看得出来，为什么我可能需要书里的某些建议）。有一天晚上不知在伦敦海德堡公园（Hyde Park）的哪个角落，我喝光了一整瓶的廉价红酒，还在卡萝面前痛哭我父亲的死。当时，我们其实只是要搭便车到那里，参加一场免费的音乐会。我不是故意要哭的，也不是故意要用这种方式来宣泄我的情绪，这一切都不在我的计划中，但它就是发生了。洪水闸门突然打开。我从来不知道痛哭可以让人好过一点，总以为这只会让你更脆弱。比尔死的时候，我不知道该怎么办，不知道该不该为我失去的两个家人各哭一次，抑或就这样无止境地痛哭下去——于是我变得很愤怒。卡萝的家人关系向来亲密，我的家人则不然；卡萝试图安慰我，但我告诉她，她永远也不会懂我经历过什么，她永远也不会了解处理这种伤痛的感觉是什么。

　　当时正值二月，设菲尔德的地面覆盖着厚厚的雪，把平日生活里的声响全都覆盖住了，我和卡萝住在一间到处是老鼠的马车屋里，没有暖气设备，我们只能早早上床取暖。以下是卡萝那时隔天醒来后的叙述：

　　我起床时，感到有点焦虑。我在莱斯特（Leicester）的少年感化院担任监狱心理实习辅导员，每天都得从设菲尔德的住处通车到莱斯特。我会在六点半离开家，搭上前往火车站的巴士，然后换搭火车，再从莱斯特车站骑脚踏车到少年感化院。下了班也是一样的通勤方式，去程和回程各要花两个半小时。那天我必须去莱斯特监狱探访一位因谋杀而被关押候审的囚犯——那是我的第一场重要测验。我在时间充裕的情况下出门搭巴士前往火车站（我知道杰弗瑞还会再睡两小时，于是留了张字条给他，上面写着"祝我好运"）。地上积雪很厚，这种情况已经持续好几个礼拜，所以巴士来得很晚，等我赶到火车站时，已经快七点五十五分了。巴士站就在火车站入口外的右侧，那时车站大厅和一号月台之间还没有任何屏障，所以我可以看见火车就停在月台旁。我以为我应该赶得上。虽然那里没人验票，我还是把季票拿在手上，此外，我手里还提着公文包和手提袋。我朝火车跑去，抓住其中一扇车门的把手。我跟在火车旁边跑，就是没办法打开车门让自己跳进去，我手上带的东西和脚上穿的皮靴阻碍了我上车的动作。火车愈开愈快，我不知道我当时究竟是跳空了车门前的阶梯，还是被火车的加速力道给拉了下来，反正不知怎么搞的，我发现自己竟然直挺挺地站在移动中的火车和月台之间——两者中间的缝隙宽到足够塞进两个人。那时八成是我的大衣被火车底盘钩住，我整个人被拖进轮子底下。我记得我大声喊妈，不过我想我后来并没有把这件事告诉她。我不太记得接下来发生了什么事，不过火车停了。我自己八成又想办法爬了起来，因为当人们沿着月台朝我跑来，对我大叫时，我人是站着的，其中一个人告诉我，她是护士，火车停下来的时候，她正在火车上。当我告诉她火车碾过我的手臂时，她一直对我说："别担心，只是断了而已。"一辆救护车驶来，载着我穿过尖峰车流，警车一路开道，护送我们到哈兰郡医院（Hallamshire Hospital）。我们抵达那里时，医院里的人一再问我家属有谁。当时我们没有钱买电话，而且我知道光敲门是叫不醒我老公的。他们必须剪掉我身上的大衣和其他衣物，才能把它们脱下来，但我不确定他们是怎么处理我的靴子。我没看见我的手臂，也感觉不到它的存在，所以当整形外科住院部医生说手臂保不住时，我一点也不惊讶。

我记得后来我醒了，发现我妈咪和爹地都坐在床边，我一脸迷惑，不知道他们是怎么来的。第二天早上我在病房里醒来，广播电台正在播放新闻，身上仍吊着吗啡点滴的我，突然听见了一则有关我的报道——不过我想我自己很清楚是怎么回事。尽管当时我没多想什么，但有件事还是令我相当难过——我没看到我的手臂，也不知道它怎么了。我真的很想念它，到现在都还很想它，它曾是我的一部分。

待在医院里的那段时间，我一直很乐观——我的医生都对未来装义肢的事情感到乐观，毕竟我年轻，身强体壮，其他部位都没受到伤害，认为往后情况应该不错。在医院的那段日子，生活过得安逸固定，我不必担心太多事，不过其实也没什么很费力或麻烦的事情做。外头还是冰天雪地，但待在医院里，一点也不怕风雪来袭。我想到了该怎么才能梳头，怎么打开早餐托盘上的奶油包或果酱包，只不过我大多是用敲开的方式。杰弗瑞和我甚至还想办法在医院里偷偷亲热，方法有点怪，但够刺激，我想他是为了证明给我看，这场意外并未改变任何事情。我猜这就是他的作风吧！

一个月过后，我获准出院，并且满心期待，但万万没想到，回家的感觉竟让我感到凄凉，毕竟一个月前我才像平常一样没多想什么就出门，哪知道再回来已是这副模样。曾经熟悉的一切如今都成了我必须角力的对象，我知道要学会这些事情有多难。当杰弗瑞去上班，留我一人在冰冷杂乱的公寓里时，我会痛哭到甚至吓到自己，那是我第一次明白，一切都已经变了。杰弗瑞和我满怀希望地去复健中心——我们期待看见医生告诉我们那些不可思议的事情，但当我们抵达候诊室时，里头全是老人，连一个年轻人或女人都没有。角落里有一排假腿，四周还围着其他可怕的粉红色义肢假体，等着被人穿戴。而当时那个年纪的我几乎从来没有生过病，所以这一切看在我眼里，就像看见地狱一样，而我就快要被它吞噬了。整个商讨过程显然帮不了我什么忙，因为过程中只强调义肢要用的各种配件（包括一个钩子）。义肢的功能包括它可以握住东西、缝纫、编织（但那全是我不在乎的，我在乎的是形式而不是功能），我想要一个东西来填满我那空荡荡的衣袖，修补我身上的某种对称。于是我们继续讨论那些装饰用的"义肢"。他们会帮我量身定做两只义肢……这样一来就多出一只，以防另一只出了什么问题。义肢很重，也很难穿戴，它得用皮带绕过肩膀，在后背交叉固定住，而且近看感觉很假。手臂里有个机械装置可以让它弯曲和固定位置，但有时候很难弄直（这东西我绝对不可能操控自如），所以没戴多久，我就把它扔在橱柜里积灰尘。

　　我出院后过了几个礼拜（那时我还在戴义肢），有人邀我们出去，那是意外发生后我第一次在夜里出门。当时我们是开车前往赴约，然而途中好像转错弯还是怎么的，两人竟大吵了起来，就像一般无聊的吵架一样恶言相向，但是我仍然吓了一跳……因为在这之前，我以为这种事不会再找上我——我应该是受到保护和照顾的，不应该再有人对我不好或恶言相向！但我错了，这世界和其他人不会给我特例，他们都没变……只有我变了。从现在起，我将处于明显的劣势。

　　这是二十年前发生的事，但对我和对卡萝而言，那是段栩栩如生的回忆。发生意外的那天早上，我在医院见到卡萝时，她的手臂还没切除。我现在还记得她当时的模样，包括床的角度，还有她那头暗色长发在白色枕头上闪闪发亮。我睡过头了，医院里的人八成设法联络上了我工作的地方，于是我教授的秘书到家里来敲了三四次的门，才把我叫醒。她告诉我卡萝发生了意外，可是她以为不太严重。"我想她只是从月台掉下去了。"她说道，"不过月台没有很高，应该不会跌得很重！”她又说道。

我到现在都还记得，我误解了她的话，我以为她说，卡萝穿着厚底鞋（译注：platform shoes 的 platform 也是火车月台的意思）跌倒了。那时我脑海里的印象，尽是卡萝穿着上头绘有红色星星的四寸黑色厚底鞋，快步走着的模样（我们学生时代，她都穿着那种鞋，没想到竟然进入这个像是梦的连续剧里）。经过了这么多年，我仍然记得我当时误解的那个字，各种影像瞬间在我脑海里流窜。我的教授当时也到医院候诊室陪我，当医生进来告诉我消息时，我记得我跳了起来，用头去撞某样东西，巴不得自己也伤势严重……所幸没有。医生说明了火车站里的事发经过，然后解释为什么他们必须切除手臂。“没有别的办法了吗？”我问道，仿佛在质疑他为什么没有考虑其他办法，他摇摇头，没有直视着我，然后带我去见卡萝。我到的时候，她已经醒了。她没有对我笑（我之所以提到她没有笑，可能是因为我以为她会对我笑），并立刻向我道歉，说她知道我才经历了哥哥的过世。“对不起！”她说道，虚弱地一笑。我到现在都还记得她说这句话的模样。我必须承认那一刻（即便是现在），我都觉得自己好羞愧，羞愧到甚至有点反胃。

我执起她那只已经残废的手，企图告诉她，这只即将切除的手曾经是她的一部分，也是我们的一部分。我身上穿着那年圣诞节我母亲买给我的羽绒夹克，袖子上沾满她的鲜血。当他们推卡萝进手术室时，我打电话告诉母亲这个消息。她的邻居赶忙去药房帮她买了些药回来，于是那天稍晚，截肢手术过后，她也来了，来之前已吃过了镇静剂，喝了一点酒，并瞪着我的袖子看，仿佛我没察觉到上面的斑斑血迹。

卡萝从没抱怨过发生在她身上的这件意外，但有时却很沮丧。“这是难免的！”我母亲说道。但卡萝从不抱怨，也从来不拿这当借口来逃避忙碌生活里该做的事情：她生养三个孩子、开车、煮饭、缝纫，全靠一只手臂；她可以用两个膝盖夹住瓶子，打开瓶盖；一边用牙齿咬住衣服，一边用针缝；在特制的砧板上切肉，砧板上有夹子可以固定住大块的肉（这是她父亲帮她特制的砧板）；还有陪我打羽毛球，用仅剩的那只手发球和打球——直到有一天，某球友抗议这一切实在太有违这最英国化的球赛规则，他说，羽毛球的比赛规则里一定有提到，你不能丢球和发球都用同一只手。"这让你太占尽便宜了！"我想他是开玩笑的，而我也有笑出声来，可是他好像很认真，脸上一副神圣不可侵犯的表情，就像活逮住我们作弊似的。卡萝只抱怨过她没办法像别人那样，张开两只手臂大大拥抱自己的孩子，还有当她看见他们在音乐会上表演、在台上领奖，或者赛跑时，她都没办法为他们拍手叫好，只能用右掌拍打右大腿，像一种隐约难懂的仪式，以古怪的方式吸引他们的注意。

但是她手臂上的痛从来没有消失过，她曾说道：

事实上，我觉得它没有消失，反而愈来愈糟。就是隐隐约约地不舒服，但不是痛，感觉像是末端神经刺刺的，也因为经常发生，然后就从刺刺的变成了痛。譬如，最常碰到的就是半夜醒来或睡不着，就会觉得怎么躺都不舒服，手臂变得很烫，痛的感觉很强烈。又或者如果我很累，或者可能感冒还是怎么的，手臂就会传来一阵又一阵的痉挛痛……然后它对冷热温度也没什么反应。我一直在思考这是种什么痛，但我从不觉得那种感觉像"幻肢"（phantom limb）——我不觉得我有整条手臂。有时候我可以感觉到我的拳正在握紧，我的指甲戳进掌心里，我的拇指被压在其他手指底下，而且我感觉到要是能把手掌打开，伸展一下手指，该有多好。当它真的很痛的时候，我只能用"好像意外才刚发生"这句话来形容：火车才刚碾过它，像火烧一样烫，而轧碎的骨头、神经和肌腱像是全糊在了一起——那是一种受到挤压的痛感。我不记得事发当时，是不是也是这种痛法。痉挛痛的时候，一痛起来，你会很想把自己藏起来。这种痛让人没办法专心，有点像要被榨干一样。我尤其讨厌它晚上发作，因为没有别的事可以让我分心……有时候我甚至以为它会把我逼疯。我不喜欢吃止痛药，因为我本来就不爱吃药。

我一直觉得那种痛是我们两人之间最大的障碍，对她来说，那种痛是很私密的，会把她从我们身边带走、将她吞没，而身边的人只觉得无助，不知从何帮起。不过前阵子我花了点时间读完著名的神经学家拉玛钱德朗（V. S. Ramachandran）的著作《浮现中的思维》（直译名，*The Emerging Mind*），这本书探索了幻肢痛的新治疗法。拉玛钱德朗认为人脑有很大的可塑性，而这种可塑性对幻肢痛的治疗有极其重要的意义。他所形容的幻肢痛似乎完全吻合卡萝所面临的问题。"通常幻肢会进入令人难以忍受和无法控制的紧绷痉挛状态，或者病人固定会在某个姿势感到特别痛，而那也是病人无法改变的姿势。我们发现在这些病人当中，有些人还没截肢之前就曾有过神经伤害，譬如那只手臂曾经瘫痪，被固定在吊带里。截肢后，这种病人会一直有瘫痪的幻觉……仿佛先前的瘫痪'被存留'在幻觉里，也许当那只手臂还是完好但处于瘫痪状态时，每次脑前叶向手臂下达命令，要求它'动'，它就反馈响应'不行，它不会动'。结果这个反馈不知怎么搞的，竟刻印在大脑的电路系统里了。"

拉玛钱德朗检验了这个理论，他骗大脑，让它以为幻肢在遵守它的指令。他的方法是一只镜盒。他把镜子架在桌上，朝病人的胸部调好适当角度，使被截肢的左臂对着镜子的左边，完好无缺的右臂对着镜子右边。病人看着镜子的右边，这样一来，他或她就会看到完好无缺的右手臂镜影与幻肢重叠。接着拉玛钱德朗会要求病人，试着用两只手做一些对称动作，譬如拍手，但同时要看着镜子。结果病人不只看到幻肢在动，甚至不可思议地也感觉到它在动。套句拉玛钱德朗的话，这种影像把戏将幻肢"动画化"（animates）了，而这种突然对幻肢操控自如的感觉，显然缓解了那种抽痛或者因某些怪异姿势所引发的疼痛。

我和卡萝讨论过此事，她说再次看见或感觉到自己的手臂在动会很奇怪。也许对她来说是太奇怪了一点。她总是说她在梦里仍有左手臂，但即便梦到两只手臂都在，也还是令她不安。她一再梦到她骑着脚踏车，从唱诗班练唱回来，两手抓着那台老罗利牌自行车（Raleigh）的手把，一路沿着剑桥的后花园（Backs）骑。那是个很快乐的梦，反映出我们人生骤变之前在诺福克（Norfolk）湿地曾有过的那段无忧无虑的岁月。

如果不是我后来又找到另一种更精密的镜盒治疗法，这件事恐怕就这样无疾而终了。这种幻肢痛治疗法是曼彻斯特大学开发的，它是利用头戴式的虚拟实境显示器，为实验对象呈现计算机合成环境，好让他们完全身历其境。完好的那只手臂会接上感应器，把手臂动作移位到幻肢的唯象空间里（phenomenological space），借此制作出幻肢的虚拟动作。实验对象被要求做的动作很基本，但也不轻松——他们必须利用幻肢的虚拟手臂去为瓷砖上色，而那些磁砖会依序亮起来，再不然就是在院子里，以虚拟手臂挥打一颗虚拟的球。这个研究早期有过几个个案，结果似乎都相当令人满意：其中一位实验对象说，他幻肢的动作感觉很像真的，"过程中，我真的感觉到就像我的左手臂自己在追着那颗球。真的是我的幻肢，而不是我的右手臂……很像是在实境里而非幻境。"此外他也说："如果我能驾驭得了这种幻肢动作，也许我就能打开手指，释放掉那种紧紧夹住的痛感。"他的痛感日记显示出做过实验之后的那几天，痛感强度降低了，睡眠模式也有了正面的改善，从以前夜里的两三小时就被痛醒，变成一次睡足五六个小时。另一位实验对象说，参加过一回实验课程之后，她的幻肢感有了明显的改变。以前她通常会觉得拳头紧握，指甲戳进掌心里，但上过一次课程之后，她说："蛮好玩的！有一只手指伸了出来，好像朝外头指一样。"

可是那算是早期的实验，而且只有三个研究个案而已，毕竟，那时这方面的研究也才刚开始。这方法的确让心理学进入了个人生活的核心领域，不过，也许是因为我想做点什么来补偿我这些年的无力感，我让当时还住在设菲尔德的卡萝试试看这种实验，可是我从一开始就看得出来，她其实有点担心，只是碍于礼貌不愿多说什么。也许她的担心不是没有道理——虽然她失去手臂，但她生活自理得很好，那只笨重、古怪且颜色过于鲜艳的义肢，起初才用了几个月就被丢在一旁，多年来都没再碰过。她的外形很亮丽，天生丽质。她身体健康，是个绝佳的跑者（当然一开始也是因为我，她才加入跑步的队伍），在同龄的赛跑组别里，向来是常胜军（不管国内或国外，总是拿到第一名），而且她喜欢看见自己的照片登上《跑者世界》(*Runner's World*)。我想她已经有点变成《跑者世界》里的象征人物了。她会帮她的左手臂戴上黑色短袜，跑步时，无视天气，身上一律穿着背心。她没有什么好隐藏的，这就是她对这件事的看法。在赛程里，她很容易被认出来。她的运动精神很受大家的钦佩。她对参加实验的唯一疑虑是，她是不是得脱掉左手臂上的黑袜子。

我们终于坐在那所大学的房间里了，墙上挂着快要松脱的画作。头戴式显示器和计算机就放在某个角落，而且不知道为什么，另一头角落放了一只既老旧又笨重的义肢。我看见她正朝那只假手臂瞄，而且我也看得出来她在想什么：这地方不像我告诉她的那么具有高科技感。研究人员很和蔼，客气地向她请教幻肢痛的经历。他给了她一些背景资料要她读，但不幸的是里头出现的都是"病人"和"残肢"这类字眼，卡萝和我面面相觑（我们从来不会说她的左手臂是"残肢"），那可是她的左手臂耶！有那么一秒钟的时间，她仿佛又被吸入多年前的噩梦。她曾经很努力地甩掉过往的一切。我看得出来她想离开那个房间，但忍住没走，纯粹是为了让我开心，她想让我感觉到我帮到她的忙。研究人员帮她装上头戴式显示器。一开始戴歪了，看起来有点滑稽，但是没有人敢笑，卡萝很有礼貌地指正研究人员，后者赶紧调整头盔位置，我看得出来她的颈部因尴尬而充血。随后，突然，她身处在全新的虚拟环境下，于一座院子里试图挥打一颗球（对她来说，这功课有点怪）；她四处张望，低头看她那双虚拟的脚，来回看她那只静止不动的虚拟右手臂，接着又抬头去看那只正在挥动的虚拟左手臂。她发现这任务太难了，于是口里不断道歉："也许这就是为什么我网球老是打不好的原因。"她说道。"还有羽毛球！"我追加一句，试图挖苦她。

研究人员要她收紧和张开手指。我看得出来她其实不想做这个动作，她犹豫了几次，好像在看小孩学走路或做手势一样（那其实是她的右手在张合，却得骗她的大脑，让它以为是左手）。她不太会用球棒打球，不过在做方块上色练习时，表现还不错，必须靠移动虚拟左手臂来找到方块。她又做了几次拳头张合的动作，并触碰自己的拇指和指尖，就在那一刹那，她说她感觉到是真正的左手在做这种触碰。但只是一刹那而已。可是这是一个她再熟悉不过的宝贵刹那，来自遥远和半被遗忘的过往，一个她想永远抓住的刹那（毕竟她失去了它这么多年）。后来，她又做了几分钟怪异夸张的肢体动作，整个实验才终告结束，她又回到了庸碌的世界，而这个世界里有凌乱的实验室和笨重的粉红色义肢。我们谢过研究人员，然后默默离开实验室，心里试着去接受刚刚发生的事，以及它对她的未来可能代表的意义。

不过到了那天傍晚，一切又回到平常，我看见她痛苦地抓住左手臂，脸上带着以往那种表情，她试着忍住痛，不吃止痛药，也不出言抱怨。她看见我朝她那儿看。"也许是因为那个实验太累了才会发作，我也不知道。"她带着抱歉的口吻说道，这反而让我更难过。那天晚上，她告诉我，她又痛醒了，然后再也睡不着。不过第二天天气很好，阳光普照，她说自己觉得对那件事又感到乐观起来。"我相信这种实验是有它的作用存在的。"她说道，而且还告诉我她真的很愿意再去试一次。我告诉她不必为了让我开心而勉强自己去做，这样子就没什么意义了——然而，她却说她真的很想去做，这个实验太重要了，值得一试。"不过他们也许应该先整理一下那间实验室，你懂我意思吧，就是把它弄得现代化一点！"她想了一下才又说，"最好把那只虚拟的手臂做得真实一点，让它女性化一点。那些手指对我来说太大了。至少得让我的脑袋以为真的是我的手在动，可是我不觉得当时我的脑袋有被骗到。"然后我就看见笑容爬上了她的脸，"也许让那个虚拟人物穿件运动服，换上运动员的体格，或者再放点个性进去比较好，毕竟里头的人是我啊！让她动一动，甚至跑一跑，我才可能更融入那个情境。"我们两个当时笑得很大声。

可是，那也是这个故事的终点，她没有再回到那间脏乱的实验室。"可是也许有一天我会回去。"她说道，"至少我现在知道如果自己想试，随时有方法可以试，所以对自己更满意了！"我发现我在微笑，不是因为那个实验的关系，也不是因为我们刚刚经历过的事有点好笑（就连卡萝也说研究人员搞的那些东西实在令人发噱），而是因为她的这个想法，或许应该说是最真的领悟……原来心理学对人类生活的各个层面几乎都有帮助，不管那个层面有多私密或多玄奥。心理学不只能提供调情的秘诀，也能教你如何从下意识里去刺激另一半，让他或她帮你打扫房子，抑或从下意识里提醒性爱，要他们对你更体贴（这些事当然也很重要），甚至介入处理你生活中所有的大小问题，包括你最私人和隐秘的顾虑。它给了你以前不曾有过的盼望。

这是一种权力加身（empowering）的感觉，不管对这门学科或我来说，都是权力加身。我后来跟卡萝讨论过这个发现，即便她在虚拟世界的经验不如当初所想，但她完全同意我说的概念，不是勉强同意，也不是被我说服，她说她喜欢这个想法——原来，她对肢体对称和肢体的完整感，可能没有完全消失，我们还是有办法哄骗她的脑袋相信这一切……这样一来，或许可以帮助她产生不同的感受，不会再觉得那么的痛，此外，如果她想要的话，随时可以再回去做那个实验。心理研究实验告诉了我们，人类现在或许已经可以在很多方面指挥自己的脑袋，让你不仅能维持既有的优势，还能重新掌握生活里的优势！

提示

●没有什么东西是永远不变的，即便是情绪上或身体上那种很深的失落。

●就算失去一条手臂，从大脑的角度来看，也不见得是永远失去它。你可以让大脑"看见"那条已经不存在的手臂。

●心理学可以用很多方法来帮助我们，这些方法是我们在前一个时代里想象不到的。

●不管我们的个别环境如何，我们都有办法变得更"完整"。

Get the Edge:
How Simple Changes
Will Transform Your Life
感谢

我要为这本书的诞生，向一些人致上最深的谢意。

首先，得谢谢我在联合经纪公司（United Agents）的经纪人 Robert Kirby，起初是他让我想出这个主题，并以最细腻的建议来激发我的。再者，要感谢的是当时还在 Headline 出版社任职的 Val Hudson，我欣赏她对这份原始书稿的热情与机智反应，而她的热情是天生的（我自己也是因为热情才投入这一行，最需要的显然也是热情的伙伴）。另外，John Moseley 也是抱着同样的热诚与专业精神接下了这个案子。最后，我还必须感谢的是 Laura McGuire，她对这个案子从头到尾的付出难以估算；她以无比坚定的毅力协助我，苦心研究调查书中的细节，过程中毫无怨言。

此外，这一路上还有许多人教会我重要的课题（有时甚至是痛苦的一课），我要间接谢谢他们对我个人的心理发展，和对这本书的帮忙与贡献。书中，部分关于我父亲过世的回忆，曾在我的回忆录 *Protestant Boy*（暂译《新教徒男孩》）中，以些微不同的方式叙述过，谨在此谢谢 Granta 公司特许我在这里做了部分的复制。